算命不求人

寫給初學的你

王麗君 著

自序

這是五行調候的教科書，細心揣摩，無師自通。

本書副題「寫給初學的你」，可見淺顯。

釋迦牟尼佛在世的時候，告誡弟子不要算命，今生種種都是果報。我以命學是國粹出發。

我的五行啓蒙於「命理新論」，有的看法不同。命理新論始於民國四十九年，吳俊民先生當時虛齡四十四歲，耗時兩年，六十萬字，五十一年初版。華文世界最好的命書，至今坊間還有。

舊書無理取鬧之多，不勝枚舉，吳先生常說：「但見古賢用心之苦。」我修養差，每每破口大罵。

先賢沈孝瞻著子平眞詮：「八字本有定理，理之不明，遂生異端，妄言妄聽，牢不可破。不知其意，謬生偏見。」

命造無非爲什麼冷？爲什麼熱？熱怎麼辨？冷怎麼辨？

有人問：「哪個生肖好？哪個時辰好？」先賢陳素庵說：「夫人命窮達吉凶，須合四柱取斷。」論造先看月令，次看時辰，三看四干，最後年日二支。何來哪個生肖好、時辰好的說法？

日支力小，卻是重要宮位，設想配偶不惹痲煩，不知省多少事？祖上、父母、子息都是血緣，情緣遇合。

相形之下，年支最是無用（生肖），力小，地位無足輕重，不過小兵立功，有時也求之不得。

一問原命高低，二問寒暖燥溼，三問行運順逆，命、運不可分割。上運前小兒運。月柱小兒運，不必另起小運，多生事端。

歲運最喜用神天覆地載。天之所覆，地之所載，風和日麗，順水行舟。反之，忌神天覆地載，寸步難行。

流年力三分，大運不好，流年扶持。反之，喜運也怕流年搗蛋。

若喜金水，子丑（鼠牛）最力，若喜木火，午未（馬羊）最力，反之最忌。一句「溼土附水而生」，大夢初醒。霧裏看花到撥雲見日，一去二十八年。

「亥藏壬甲，子藏癸水。」「辰酉合金，巳申合水。」非也。辰酉合水，巳申合金，一如卯戌合火，寅亥合木，六冲也。溼土附水而生，申藏庚壬戊，亥藏壬甲戊，子藏癸己。金命身弱，得水妙用無窮，制殺、扶身、調候。地支之水，溼土一原同出。

喜用逢冲，另取。另取不著，勉強一用，先天不足。

冲局以力服人，合局以德服人。以德服人力勝以力服人。

「金水傷官得火，木火食神得水，貴而且秀。」太陰太陽力旺。誰說金木貴而且秀？十銀不如一金。

五行缺金木，不痛不癢。木局金局，成事不足，敗事有餘。食之無味，棄之可惜。除非無可取用，眞懶得瞧一眼。

丁壬化木，可從可化，只因壬水受制，知難而退，非關木氣。從化的看法，留待後人驗證。

官殺並見，傷官尅官，不用大做文章。十神只是假託，兩個現象，說得一文不值，鬼扯。

江湖捏造「土埋眞金。金多水濁，女命尤忌。」女子命濁，眾人退避三舍，黃金被埋還得了。語出淵海子平「金賴土生，土多金埋。水賴金生，金多水濁。」生我之物（印）過多。先賢說一句，後人說十句，佛陀說一句，世人說百句千句，怪哉！

朋友通姓名學，老師交代，不算死人。歌星趙曉君從催眠術得知親生母親是南京一位大小姐，長得很漂亮，可是媽媽撕了她的照片，十多年後偷偷親子鑑定，她是親生的。每一種玄學都有不足之處，五行也是。世間法，哪那麼神？

双胞胎境遇神似（龍鳳胎行運順逆相反），有時一個死了，一個活著，一個已婚，一個單身。八字相同，因緣不同。若論細節，世人不免牽強附會，捕風捉影，順水推舟。

法則確立，一兩命造以果求因，穿鑿。

很多人問：「自己適合哪一行？」算命的哪知道呀？缺木木業，缺火火業，缺金金業，缺水水業。權宜之計，振振有詞，間接猜測，信以爲眞。時候到了，老天自然給一條路。多數人不就領薪水過日子，還來什麼講究？

大運好壞，二十年一換。再壞的命，也行好運，再好的命，也行壞運。

徐樂吾先生說：「命如植物之種子，運則開落之時節。」又說：「命運二字，非易言也。人生吉凶順逆從比較而來，無一定標準。」「黃粱夢醒，四大皆空，生不帶來，死不帶去，徒留話柄。」

「爲什麼五行這麼難？怕人學走功夫，故弄玄虛。」走出迷離之境，這些招數全跟命理新論學的。

本書論調候之理，如何取用神？大概當然。非是身世、性格、容貌、才智、六親、生死，無所不包，無所不驗。江湖一點訣，說破了不值錢。

臉書轉紙本，一校四年多，已非當年枝葉。你來我往，苦了打字和排版小姐，不勝其擾。我粗心大意，加之老眼昏花，有的錯字還是她們二人校出，在此致謝。

E-mail db690510@yahoo.com.tw

臉　書 boe801127@yahoo.com.tw　王麗君

手　機 0978 730 396

目錄

一　用神

看命看用神。八字過寒過燥皆是偏枯，一字改善狀況，一字就是用神。身強喜洩，身弱喜扶，扶與洩之神使命局中和。命以中和為貴。

先問原命高低，再問寒暖燥溼，三問行運順逆，命、運合而為一，不可分割。

吳俊民先生命理新論：「論命不論歲運，吉凶悔吝，真不知從何說起！」

命例

傷官　癸卯　正財

劫財　辛酉　劫財

命主　庚午　正官

七殺　丙子　傷官

庚生酉月，金旺水相，月刃為格。傷官高透，二劫合殺化水，子午卯酉六冲。

少運南方，寒金向暖。

本造殺刃合。金水傷官，身強喜財官，得火二用。

先賢沈孝瞻著子平真詮：「天地之間，一氣而已，惟有動靜，遂分陰陽，有老少，遂分四象。老者極動極靜之時，是為太陽、太陰，少者初靜初動之際，是為少陰、少陽，有是四象，而五行具於其中矣。水者，太陰也，火者，太陽也，木者，少陽也，金者，少陰也，土者，陰陽老少木火金水冲氣所結也。」

八字沒有金木，無傷大雅，沒有水火，金木勉強一用，先天不足。金木喜神，水火用神，喜用並見，虎虎生風，否則，任憑金木得時勢地，十銀不如一金。

沒有水火是從格成立的條件之一，置之死地而生。

二　金木水火高下立判

四時之運，功成者退，待用者進。春末，夏火登場，秋末，冬水登場。

春夏之交，一月水庫，壬癸周行十二地支最後一根，臨去秋波。

秋冬之交，一月火庫，丙丁周行十二地支最後一根，迴光返照。

夏末燥甚，至申月猶有餘暑，冬末凍極，至寅月猶有餘寒。春木秋金，季節末了，三心二意。五氣之中，水火如君王，其餘三行似臣子。

地球繞日一周，三百六十五日、五小時、四十八分、四十六秒，寒暖各半。木與燥土，金與溼土，各為其主。

地支有三會之說，寅卯辰三會木，巳午未三會火，申酉戌三會金，亥子丑三會水。三會之方，水火力大無窮，金木差多。

三

四季寒暖燥溼，是太陽、地球運行（太陽曆），與月亮無關。五行以此依據，分二十四節氣，論金木水火土衰旺次序。

中國歷代有欽天監。農曆三年一閏（概略），以齊歲日。閏月有節無氣。不置閏月，寒暑貿易，四時舛錯。吳老師說：「我國古代，陰陽曆調和得相當成功。」

西風東漸，國民政府啟用西曆（陽曆），二十四節氣每年同一天（時辰累進有時差一天），不得不佩服老祖宗的聰明才智。

我生之時，只問此時此地，真太陽時只有一個。

四　月柱時柱

月始於節。立春寅月之始，驚蟄卯月之始，清明辰月之始，立夏巳月之始，芒種午月之始，小暑未月之始，立秋申月之始，白露酉月之始，寒露戌月之始，立冬亥月之始，大雪子月之始，小寒丑月之始。

公轉軌道並非正圓，地球在各季視動速度時時不同，四季日數亦不相等。天文家測定春季九十二日餘，夏季九十三日餘，秋季八十九日餘，冬季八十九日餘，合計三百六十五日餘。二十四節氣（十二月令）根據地球繞日劃分，是一年的十二階段。

零時一日之始，晚間11至隔日1點，子時，跨二日，分早子、晚子。11至0點，晚子（一天快結束），0至1點，早子（一天剛開始）。早子時干求法如常，晚子時干則以次日日干換算。

民國四十九年農曆五月十二日，晚上11點30分，查萬年曆

庚子年

辛巳月　立夏後，芒種前。月以節為始。坊間命書有月干表格。

甲子日

丙子時　以甲子日次日乙丑日換算。十二時辰地支與天干，查坊間命書。

有位小姐，先生新加坡人，她不知用新加坡時間，還是台灣時間？小孩美國出生的大陸移民，主張兩個時辰，一個美國當地時間，一個同時的中國時間。何不全球二十四時區（十二時辰），通通算一遍？

太陽曆是太陽和地球的關係。我生之時，只問此時此地。我在美國生，中國時間無瓜葛，我在新加坡生，台灣時間不相干，真太陽時只有一個。

自五代徐子平，一千多年，四柱皆以立春為年首。吳老師以為，年的切換在冬至。「命理新論實例」：「地球北極圈與南極圈，一歲為一日，六個月白晝，六個月夜晚。唯南北相反。」妙哉。豈非仙山一日，世上千年。

五之一　年以冬至為首

干支創立，天地定位，早在四千多年前，以後歷代曆法不同，年始的月分也不同。這是行政法令，不能改變太陽、地球運行。

陽光直射位置止而復起，故仲冬一陽之月，一歲之首。周朝建子，即取此義，建子曆又稱王曆。三才發秘：「四時生長收藏，悉從太陽之氣，故凡作用，當考真太陽曆數。」冬至一陽生，祭祖長一歲。歲始於冬至，就北半球，乃自然曆。

黃帝開國，年月日時四甲子，歲、日均以「子正」交換。年始於立春，無此排列組合。

日的切換在子時，年的切換在子月。冬至中氣，一如零時。年、日周行軌迹，同始同終，只有大小差異。

五之二　冬至

冬至，太陽直射南回歸線，一年日照最短的一天。之後陽光直射位置開始北移（北半球），白日一天比一天長，至春分，日夜均等。春分之後，陽光繼續北移，晝比夜長之始，至夏至，太陽直射北回歸線，一年日照最長的一天。之後陽光直射位置開始南移（南半球），白日一天比一天短，至秋分，日夜均等。秋分之後，陽光繼續南移，夜比晝長之始，至冬至，一年成也。

冬至一年之始，早子一日之始。冬至中氣（月中之正），一如零時，橫跨11與1點之間。子月兩年之間，子時兩日之間。

六　一日之長

地球自轉一周，為一日之長。因沿圓橢軌跡繞日公轉的影響，自轉一周，不是天天都二十四小時。天文學者統計，一年只有陽曆四月十五日，六月十四日，九月一日，十二月二十四日四天二十四小時，其餘三百六十一天，不是多於，就是少於二十四小時，時差最大是陽曆十一月二日，多了16分21秒，陽曆二月十一日，少了14分25秒。逐年尚有秒差。不足或多於，應加減實際時差，平均分配於每日十二時辰。一年日長，坊間命書有圖表。

吳老師說：「算命不驗，不能確切定時，乃主要原因。」差一時辰，有時兩造神似，有時南轅北轍。

七　陰陽的意義和作用

天地間萬事萬物，從較短時間，較小空間看來，往往現象相對。利害、得失、生死、存亡、善惡、是非、剛柔、動靜、內外、正反、順逆、悲喜、富貴貧賤、窮通榮枯，這種相對現象，就是易學「一陰一陽」，也是命學的陰陽。陰陽就是一切事物相對現象的代名詞。

科學家為便於研究學問，對陰陽分開探討，方法可行，只是樣樣分開，也不可能，如「一尺之棰，日取其半，萬世不竭。」科學家與哲學家發生爭辯，科學家多以短時間小空間看事物，認為萬事萬物可分，哲學家多以長時間大空間看事物，認為萬事萬物不可分。研究命理是「執兩而用中」，理論以哲學為基礎，方法則採科學精神。

易學太極陰陽之理：「兩不立則一不見，一不見則兩之用息。」一切事物相反相成，同中有異，異中有同，常中有變，變中有常，利中有害，害中有利，吉中有凶，凶中有吉。總之陽中有陰，陰中有陽，陰陽同時存在。

易學太極論：「太極負陰抱陽（科學證明原子是負陰抱陽）。

陰陽不能截然分開，乃是交互關係。

陽中有陰，陰中有陽。

太極是事物存在的本體，陰陽是事物發展的現象。」

陰陽始終抱負，有時偏陰偏陽，但絕不能孤陰孤陽。「兩不立則一不見，一不見則兩之用息。」左右同時存在，左邊沒有了，右邊同時也沒有了。支點改變，左邊的一部分成為右邊，右邊的一部分成為左邊。沿圓周往左方行進，必然從右方回來，往右方發展，必然從左方回來，左就是右，右就是左。「太極分而成陰陽」，不過假想，科學家憑假想勉強劃分。從絕對看來，陰陽混然為一（本體），從相對看來，陰陽判然為二（現象）。

事物存在發展，必須時空兼備。時空合一，我國自古有「宇宙」之名。上下四方曰宇，古往今來曰宙。

八　五行

太極是事物存在的本體，陰陽是事物發展的現象。五行，五種變易、運動、調節。陰陽對立，五行生尅，兩者在天地（人）間，互有交感影響。

袁樹珊先生著卜筮星象學：「五行，氣也。氣不可見，不可量，不可狀，欲其易知，姑以性情相似之水木火金土為名。老子所謂『道不可道，無以名之，強名為道』是也。執泥於實物，妄求其關合，是為不知神化，局拘於偏見，武斷其虛無，是為未測高深。天地之氣，蘊而未顯者，多矣！蠡測管窺，寧知廣大？彼冷光死光未發現前，又曷嘗可見可量可狀耶？」

十天干周行十二地支，強分陰陽，穿鑿，多此一舉。坊間命書有陽順陰逆表格。

九　陰陽同生同死

甲乙一木也，同生於亥。

丙丁一火也，同生於寅。戊己一土也，同生於寅。燥土附火而生。

庚辛一金也，同生於巳。

壬癸一水也，同生於申。戊己一土也，同生於申。溼土附水而生。

	甲木	丙火	庚金	壬水
長生	亥	寅	巳	申
沐浴	子	卯	午	酉
冠帶	丑	辰	未	戌
臨官	寅	巳	申	亥
帝旺	卯	午	酉	子
衰	辰	未	戌	丑
病	巳	申	亥	寅
死	午	酉	子	卯
墓	未	戌	丑	辰
絕	申	亥	寅	巳
胎	酉	子	卯	午
養	戌	丑	辰	未

十天干周行十二地支，是事物發展周期的十二階段。庫，十二階段之一。墓庫同物，騙你心花怒放，一句「有財庫」，垂頭喪氣追問補救「財星入墓」，全憑一張嘴。吳老師說：「生旺死絕，僅是事物發展歷程各階段的代名詞。」「不可望文生義，武斷是非。」

十 天干周行地支

事物存在發展的共同歷程，周而復始，循環無窮。無而有者謂之生，有而盛極謂之旺，盛極漸消謂之衰，有而無者謂之絕。

十天干周行十二地支，分生旺死絕。長生、沐浴、冠帶、臨官（建祿）、帝旺（刃）、衰（餘氣）、病、死、墓（庫）、絕、胎、養，如人一生，出生、長大、治事、年富力強、盛極而衰、病、死。十二稱謂是事物現象的代名詞，只為分別五行輕重，實際論命，不可望文生義，武斷是非。前頁表格，天干生死歷程。

一句「溼土附水而生」，撥雲見日。

舊說亥藏壬甲，子藏癸水。豈止。子午各得燥溼土輔佐，寅申巳亥四長生，各藏三干，勢均力敵。溼土附水而生也。

十一　地支藏天干

歷代命家均謂

子藏癸水　體陽用陰
丑藏己辛癸
寅藏甲丙戊
卯藏乙木
辰藏戊癸乙
巳藏丙庚戊　體陰用陽
午藏丁己　體陽用陰
未藏己乙丁

申藏庚壬戊

酉藏辛金

戌藏戊丁辛

亥藏壬甲　體陰用陽

吳老師說：「申中藏戊土，命書數十種都沒有確切說明其來源，有謂『申為戊壬之長生，故申中有戊。』因戊與丙長生寅，一干兩長生與事實不符，歷代命理學者均認申藏庚壬戊，只得存疑。」又說：「有謂戊土寄四生之地，然亥中無土。」

長生有如母親或出生地，人不可能出於兩個母腹，兩個出生地。洛杉磯社區圖書館有一本書，論十天干周行十二地支，以為：「燥土與丙火同出一原，溼土與壬水同出一原。」這符合了「申為戊壬之長生」的說法。

溼土附水而生。亥中除了壬甲，還應有戊。戊土寄四生之地，寅申巳亥皆藏戊土。子中除了癸水，還應有己。個人認為合情合理，附於此，以供參考。

朋友心算，落日柱不用萬年曆。以為月令分日用事，每月頭尾同干銜接「建寅之末甲木，建卯之初甲木。」唯獨未申有二「己土與戊土」，基於銜接之物相同，主張七月建申，戊占7.25日，改幾天己土。

非也。寅月火星之始，申月水星之始，丑寅己戊銜接，未申己戊銜接，是水火十二月分互不相讓的明證，亦是六冲的明證。舊說地支分日用事，相對之物其力均等，沒錯，

甲34.1日　庚34.1日　乙33.05日　辛33.05日

丙34.1日　壬34.1日　丁23.75日　癸23.75日

燥戊33.1日　溼戊33.1日　燥己27.9日　溼己27.9日

只是加總三百七十二天，不免想當然，多餘的六天又幾小時，必須平均扣減在每月

實際日時中。每月實際日時，參閱萬年曆。萬年曆是必備工具書。

十二　地支月令分日用事

一年十二月，根據天干周行地支及地支所藏天干，月令分日用事。歷代命書都記載月令分日用事，唯各書略有不同。

正月建寅，戊佔7.25日，丙佔7.25日，甲佔16.5日

二月建卯，甲佔10.35日，乙佔20.65日

三月建辰，乙佔9.3日，癸佔3.1日，戊佔18.6日

四月建巳，戊佔7.25日，庚佔7.25日，丙佔16.5日

五月建午，丙佔10.35日，己佔9.3日，丁佔11.35日

六月建未，丁佔9.3日，乙佔3.1日，己佔18.6日

七月建申，戊佔7.25日，壬佔7.25日，庚佔16.5日

八月建酉，庚佔10.35日，辛佔20.65日

九月建戌，辛佔9.3日，丁佔3.1日，戊佔18.6日

十月建亥，戊佔7.25日，甲佔7.25日，壬佔16.5日

十一月建子，壬佔10.35日，己佔9.3日，癸佔11.35日

十二月建丑，癸佔9.3日，辛佔3.1日，己佔18.6日

前述十二個月，計三百七十二天，較實際太陽日多六天餘，這是計算出入，須按各月天干所佔比例，就每月實際日時折算，以免誤差。地球公轉，全年各月日時不盡相同，參閱萬年曆，如子月自大雪至小寒，計二十九日五時辰（六時辰）。

地支月令分日用事，命學上各執是非，爭論最多，至今尚無定論。陳素庵先生說：「舊書十二月支中所藏諸干，俱分日用事，相沿已久，遵若金科玉律。但實不然，四時止三百六十五日，支中諸干皆共三十一日，豈非四時共三百七十二日乎？種種難通，將何說以處此，則各干分日，萬不可拘矣！」故主張就月令地支所藏天干，取其所透或得時得勢者為格，而後綜合四柱八字，論其強弱盛衰，榮枯得失。這種新法，現代命家樂於採用。

十三　五行用事　四時旺相休囚死

金木水火土五行，各於一定時期發揮權威，達到效能，這種權威、效能，就是五行用事的結果。五行用事較之天干歷程及地支分日用事簡約，命理學者為避繁就簡，多樂於採用。

甲乙寅卯木於春季得時得勢，最能發揮權威、效能。

丙丁巳午火於夏季得時得勢，最能發揮權威、效能。

庚辛申酉金於秋季得時得勢，最能發揮權威、效能。

壬癸亥子水於冬季得時得勢，最能發揮權威、效能。

戊己辰戌丑未土於四立前十八天內得時得勢，最能發揮權威、效能。

五行用事就是春木旺，夏火旺，秋金旺，冬水旺，四季土旺。各行基於生尅制化，物極必反的關係，旺極必衰，剝極而復。

五行四時旺相休囚死

春木旺。木生火，火次旺。水生木，水休。旺木尅土，土死。次旺尅金，金囚。

夏火旺。火生土，土次旺。木生火，木休。旺火尅金，金死。次旺尅水，水囚。

秋金旺。金生水，水次旺。土生金，土休。旺金尅木，木死。次旺尅火，火囚。

冬水旺。水生木，木次旺。金生水，金休。旺水尅火，火死。次旺尅土，土囚。

季土旺。土生金，金次旺。火生土，火休。旺土尅水，水死。次旺尅木，木囚。

次旺名相。旺，力居第一。相，第二。休，第三。囚，次弱。死，最弱。

旺相休囚死，月令。坊間命書有表格。

十四

三命通會說：「觀夏月大旱，金石流，水土焦，六月暑氣增，寒氣滅，秋月金勝，草木黃落，冬月大寒大冷，水結冰凝，火氣頓滅，其旺其死，概可見矣！蓋四時之序，節滿即謝，五行之性，功成必覆。故陽極而降，陰極而升，日中則昃，月盈則虧，此天之常道也。人生天地，勢積必損，財聚必散，年壯反衰，樂極反悲，此人之常情也。故一盛一衰，或得或失，榮枯進退，難逃此理。」

天地之道，即人事之道，命理學的基礎，就是建立在「天人合一」之上。

十五　天干相衝

十干甲、丙、戊、庚、壬屬陽，乙、丁、己、辛、癸屬陰。甲乙東方木，丙丁南方火，戊己中央土，庚辛西方金，壬癸北方水，因東西、南北，方位相對，東方甲木、西方庚金相對衝，東方乙木、西方辛金相對衝，南方丙火、北方壬水相對衝，南方丁火、北方癸水相對衝。

簡言，甲庚冲，乙辛冲，壬丙冲，癸丁冲，戊己居中，無衝。

先賢陳素庵說：「以恆理論之，庚辛能衝甲乙，壬癸能衝丙丁，然甲乙得時得勢，亦能衝庚辛，丙丁得時得勢，亦能衝壬癸，法當參看地支。」

金尅木，水尅火，端看地支助不助木火？勝負另當別論。

十干合化，陰陽同心。天透地藏，秀外慧中，無往不利。

十六　十干合化

伏羲時代，龍馬背圖文從河而出。圖文一與六相合在下，二與七相合在上，三與八相合在左，四與九相合在右，五與十相合在中。坊間命書可參考。

一三五七九為陽，二四六八十為陰。譬若十干，甲丙戊庚壬屬陽，乙丁己辛癸屬陰，而有甲己、乙庚、丙辛、丁壬、戊癸五合，一陰一陽，如夫妻匹配之義。

甲己年三月戊辰，戊為土，甲己逢龍合土。辰為龍。

乙庚年三月庚辰，庚為金，乙庚逢龍合金。

丙辛年三月壬辰，壬為水，丙辛逢龍合水。

丁壬年三月甲辰，甲為木，丁壬逢龍合木。

戊癸年三月丙辰，丙為火，戊癸逢龍合火。

逢龍則合，又說逢五則合。子數至辰為五。

合有化與不化之別。合而化，方顯其用。某造喜火，原局歲運戊癸相逢，地支火盛（歲運木火），此合而化，喜力之厚，無人能出其右。地支不見火氣（歲運金水），不能化火，只有乾瞪眼兒的分，癸水有力可留，戊土無力論去。去一留一，設若女子強勢，哪有丈夫說話餘地？勢力均停，兩神並留，伉儷情篤，難能可貴。餘類推。

財官日主相合，不身弱、不疊見、不爭合、不遙隔，財官就我，親切有情，豈不美造。五陽財星合日，五陰正官合日，人命所喜。反之，日干較弱，財官揮之不去，糾纏不清，喜歲運破此合局。

註 合而化，兩神並去，留下化神。合而不化，去一留一或兩神並留。

天干五合乃尅合，因陰陽有情，異性相吸，尅力不如同性相斥。

天干相冲，同性相見，分外眼紅。甲庚冲，庚為甲之七殺，壬丙冲，丙為壬之偏財。偏財七殺，其性剛猛。

吳老師說：「生尅制化是單純的物理作用，尅者與被尅者及居中的化神，均存原有性質。尅合變化是化學作用，因陰陽情洽，環境推波助瀾，合為一體，演化另一性質。」

十干合化命例　葉先生

食神　丙子　正印
正財　己丑　正財
命主　甲子　正印
食神　丙寅　比肩

3庚寅　13辛卯　23壬辰　33癸巳　43甲午　53乙未　63丙申　73丁酉

甲木生丑月，寒土旺，正財為格。丙火双透，甲己子丑，三見溼土之局，時支歸祿，有根不拔，子息賢肖。五行喜木火，忌金水。

庚寅辛卯，喜神得地。二十三歲壬辰癸巳，巳丑合金，子辰復見，情財兩難。四十三歲甲午乙未，木火通明，吉星高照。六十三歲丙申丁酉，丙丁無根，子丑成羣結黨，諸事保守，注意養生。

今年甲午，虛齡十九（肖鼠），辛卯運。

本造水冷木寒。時柱丙寅，生意盎然。妻宮坐忌，擇偶照子放亮。歲運東南，甲己燥土，木火双清，天干四喜用之妙。子丑三見，午未各紮營寨。生冬至後，年柱丙子，陽男，大運順行。

十干合化命例　孫先生

正官　甲午　偏印
偏印　丁卯　七殺
命主　己丑　比肩
正財　壬申　傷官
1戊辰　11己巳　21庚午　31辛未　41壬申　51癸酉　61甲戌　71乙亥

己土生卯月，木旺火相，七殺為格。木火並透，通根二刃，甲己丁壬，官印双清，日時水土，後來居上。五行喜木火，忌金水。

一歲戊辰，申辰拱合。十一歲己巳，二金捷足先登。二十一歲庚午辛未，甲己燥土，丁壬化木，稱心快意。四十一歲壬申癸酉，忌神踵至，豬羊變色。六十一歲

甲戌乙亥，火局重見，水祿合木，一吐烏氣。

今年甲午，虛齡六十一，甲戌運。

本造官殺復見。財印勢均力敵，水火並留，先天中和。妻子兩忌，擇偶照子放亮。午未反制，春風一度。申酉甲己溼土，丁壬去一留一（溼木），明日黃花。

舊説辰酉合金，巳申合水。非也。卯戌既合火，辰酉當合水，寅亥既合木，巳申當合金，六冲之意也。

十七之一　地支衝會合

十二地支，子、丑、寅、卯、辰、巳、午、未、申、酉、戌、亥。子、午、寅、申、辰、戌屬陽，丑、未、卯、酉、巳、亥屬陰。子午相冲，丑未相冲，寅申相冲，卯酉相冲，辰戌相冲，巳亥相冲，同性張弓拔弩。子數至七位為午。餘類推。

寅卯辰三會東方木，巳午未三會南方火，申酉戌三會西方金，亥子丑三會北方水，其力最厚。只見寅卯，會木，只見巳午，會火，只見申酉，會金，只見亥子，會水，雖不是三會方，其力不弱。

亥卯未三合木，寅午戌三合火，巳酉丑三合金，申子辰三合水。只見二支，半合，四正神介入，不弱。亥卯、卯未、寅午、午戌、巳酉、酉丑、申子、子辰（子午卯酉四正神）。亥未、寅戌、巳丑、申辰，既只半合，又缺四正神，謂拱合，必須天干透出所合之物，寅戌拱火透丙丁，申辰拱水透壬癸，否則充其量不過聊勝於無。

子丑合土，寅亥合木，卯戌合火，辰酉合金，巳申合水，午未合，午為太陽，未為太陰，此地支六合。

舊說有誤。辰酉合水，巳申合金，子丑合溼土，午未合燥土。

十七之二　地支衝會合

天干單一，高透明顯，地支暗藏二、三。地支六冲等同天干相冲，自有義理。子午冲，子中癸水冲午中丁火，子中溼土冲午中燥土。餘類推。

三會氣偏一方，寅卯辰、巳午未、申酉戌、亥子丑，木火金水，各領風騷。東方木盛，南方火盛，西方金盛，北方水盛。

亥卯未三合木，寅午戌三合火，巳酉丑三合金，申子辰三合水，三合結集五行周行地支生、旺、庫，分三合、半合、拱合。寅為丙丁長生，午為丙丁帝旺，戌為丙丁歸庫。金水木類推。

地支六合，寅亥合木，卯戌合火，辰酉合水，巳申合金，午未、子丑合土（一燥一溼）。

合局解暗冲，六冲解合局。衝會合，消長五行之力。五行之力是取用神法則。

此外尚有六害、相刑、相破。

相刑有四，恃勢之刑，無恩之刑，自刑，無禮之刑。吳老師說：「地支相刑，構成理由牽強，然自唐以來，相傳至今。」

「寅申巳全，丑戌未全，刑傷破敗，極驗。」「辰午酉亥，地支四煞全，非殘即病（因果病）。只見三煞或重出，亦取。」憑什麼？六害構成，已經勉強，相刑相破，毫無義理。寅申巳全出於恃勢之刑，丑戌未全出於無恩之刑，辰午酉亥全出於自刑。逞臆妄造，無中生有，唬得人大驚失色。

先賢陳素庵說：「三合之法，十二支周徧均平，生、旺、墓之理又順。相刑或三或二或一，例概偏駁雜亂，大約不足深信。一一曲為詮解，更為支離無當，宜亟闢之。」又說：「地支六害由六合逢冲而來，以六支害六支，是為六害，且冲合我者，必合冲我者，其害多矣！」子丑合，丑為我，子合我，午冲子，午冲合我者。丑未冲，丑為我，午未合，午合冲我者。餘類推。若畫圓形圖表，六害一目了然。又說：「破之義，無所起，尤為穿鑿，削之可也！」六破，子酉、午卯、申巳、寅亥、辰丑、戌未。

衝會合，害刑破，有義理則取，否則不用理會，頭緒過多，治絲益棼。刑害表格，坊間命書可查。

十七之三　地支衝會合

先賢陳素庵說：「看天干易，看地支難。」天干簡練，無非衝合生尅，地支曲理之處，十有七八，著書立說，荒誕不經，世人信以為真。

地支藏天干，當然像天干這麼簡練。天干地支，互為表裏。丙丁同一火，壬癸同一水，陰陽互為表裏。五臟六腑，一陰一陽，互為表裏。命、運互為表裏。五行本來面目，樸素簡單。

十七之四　地支衝會合

地支三會三合，金木水火。

「辰戌丑未成土局。」非也。辰戌丑未，水火交爭，各懷鬼胎，如何同心？

土分燥溼，附水火而生。火星三合三會，燥土三合三會，水星三合三會，溼土三合三會，不用勉強借湊「四庫全，自成土局。」燥溼土涇渭分明，實為二物，豈可混為一談，這也是從化的原則之一。

十八 十干性質

甲為純陽之木，體本堅固，參天之勢雄壯。甲木比為大樹。乙木屬陰，其性較柔，柴火之謂。

丙火灼陽之至，光輝照耀，無所不臨。春夏精神百倍，秋冬泥水重疊，太陽之火，瑟縮不安。官殺格身強，普照大地之功。丙生冬月，能否身強，端看餘字。丁火陰干，人間凡火，柔中之性，可進可退，得時如熔爐鍊庚辛成器皿，失時燈燭一盞，照明室內，以利人生。

戊土高燥如山，己土低溼田園。中正蓄藏，靜翕動闢，萬物司令，取之不盡，用之不竭。水勢沖奔，火土扶助，火多力旺，金水相生。

庚金乃天上之太白，剛健肅殺，得水而清，得火而銳。財多身弱，難期砍伐有功。水深金薄，子盛母衰，不免受虧。辛金珠玉，溫軟清潤，通靈秀氣，秉日精月華，畏土之疊，樂水之盈。生冬月，不論庚辛，皆喜寒金向暖，始可發福。江湖喜對問命者比若黃金。非也。肅殺之氣而已。

壬水通河，能洩金氣，剛中之德，周流不滯，通根透癸，沖天奔地。先賢劉伯溫說：「壬水即癸水之發源，崑崙之水也。癸水即壬水之歸宿，扶桑之水也。有分有合，運行不息，所以為百川者此也，亦為雨露者此也，不可歧而二之。」壬水乃江河之謂，可進不可退，源遠流長，滋生萬物。秋冬水冷金寒，了無生意，春夏木火輝煌，水火既濟。癸水陰干，柔似雨露，涓滴亦成江湖。

附 崑崙之水指西方，扶桑之水指東方，中國地形，長江黃河由西而東。

滴天髓說：「丙火猛烈，能鍛庚金，逢辛反怯。」「壬水化則有情。癸水合戊見火，化象斯真。」丙辛化水，丁壬化木，戊癸化火，一改原有性質，外強中乾。

十干性質參考

先賢陳素庵說：「甲丙戊庚壬五干為陽，乙丁己辛癸五干為陰。以先天言之，固一原同出，以後天言之，亦一體相包也。陽之中未嘗無陰，陰之中未嘗無陽。甲乙一木也，丙丁一火也，戊己一土也，庚辛一金也，壬癸一水也，即分別取用，不過陽剛陰柔，陽健陰順而已。命家作為歌賦，比喻失倫，甲為棟樑，乙為藤蘿，丙為太陽，丁為燈火，戊為城牆，己為田園，庚為頑鐵，辛為珠玉，壬為江河，癸為雨露，相沿已久，以為其理實然，用以論命，則謂甲為無根死木，乙為有根活木，遂至一木而分生死，豈陽木獨稟死氣，而陰木獨稟生氣乎？又謂活木畏水泛，死木不畏水泛，豈活卉遇水且飄，而枯槎遇水反定乎？論斷諸干如此之類，不一而足，當盡闢之，只以陰陽取用，先看生剋，隨看制化，陰陽皆然，惟陽不甚受剋，陰不甚畏剋，陰易於他從，陽難於他從，此則少為異耳！」

從，命造偏旺一方，順其氣勢。以後詳談。

十九　窮通寶鑑與三命通會〈四時五行〉

木性騰上無止，有金則有惟高惟斂之德。木賴水生，多則漂流（水多木漂，母盛子衰。）春月之木，餘寒猶存。夏月之木，根乾葉燥，水盛而成滋潤之力（木火食傷喜印）。重重見木，徒以成林，疊疊逢華，終無結果。秋月之木，氣漸淒涼，形漸凋敗。冬月之木，得火溫煖有功。

炎炎真火，位鎮南方，故火無不明之理。輝光不久，全要伏藏，故明無不滅之象。火以木為體，無木火不長焰，火以水為用，無水火太酷烈。故火多不實，火烈傷物。行於東南，欣欣向榮，行於西北，逆火之性，漸次滅絕。

五行之土，散在四維，金木水火，依而成象（土居中央，寄辰戌丑未四隅，無專旺之時，四季之末，各十八天。）春夏之土，氣旺而實，秋冬之土，氣弱而虛。夏月其勢燥烈，盛水滋潤成功，木助火炎，鍛鍊焦坼。

金以至陰為體，中含至陽之精，乃能堅剛，獨異眾物（五行之用，金木相對，木是外陽內陰，金是外陰內陽，故金有堅剛性質，獨與眾物不同，沒有火鍊不成器

皿。）金極火盛，為格最精，殺刃双停，必然顯貴。金木相等，財富充足。一金三木，頑鈍自損，一金三水，力弱難勝。春月之金，餘寒未盡，貴乎火氣為榮。夏月之金，形質未具。秋月之金，當權得令，火鍊成鐘鼎之材，金助愈剛，旺極則損。冬月之金，形寒性冷，欲官印溫養而利（金水傷官喜見官）。

天傾西北，亥為出水之方，地陷東南，辰為納水之府。逆行申而作聲，故不西流。水不絕源，仗金生而流遠，水流氾濫，賴土尅以堤防。水火均，既濟之美，水土混，濁源之凶。夏月之水，執性歸源，時當涸際，欲得比肩，喜金生助體，忌火旺熇乾，木盛盜其氣，土旺制其流。秋水重重，增其氾濫之憂。冬月司令當權，遇火增暖除寒，見土形藏歸化，金多無義，木盛有情。

正春木令，三陽交泰，寒氣未除，見火生意藹然。五六月火盛，爍石流金，木有枯槁之患。大抵夏木喜水。初秋炎威未退，八九月秋陽燥烈。冬木肅殺，復命歸根，微有小春生意（十月小陽春），以見造化無終窮之理。子丑月水冷木寒，無火生意摧折。

正月微陽之火，隱於木中。四月其勢漸盛，五六月火炎之極。冬月之火，喜木忌水，運宜東南，西北大忌。

正月之土，遇水則冰，值木則病。孟夏炎氣未盛，五六月萬物焦枯，氣運宜行西北，最忌南方。七月火氣未除。冬至一陽生，土脈未溫，火印融和，功成名就，寒谷回春。

春日之金，木火財官旺相。夏月火盛，金至柔也。秋金肅殺，萬物凋零，得令剛強，仗火以制其威，玉帶金魚之貴，蓋頑金無火不能成器故也。食傷洩旺，金白水清（從兒格）。子丑月非火不貴。

正月水冷，有木無火，瑜不掩瑕。夏水失令乾涸，忌晴喜雨，滋助萬物。冬月司令，傷食洩氣，水寒木凍無生意，火土同行，大吉大利。

窮通寶鑑論調候之理。三命通會滿紙荒唐言，開卷有益。

江湖一句「土埋真金」，原於淵海子平。母盛子衰之意。五行土生金，比為母子。另四行類推。金水、水木、木火、火土，輕重不均，母盛子衰，何故這一對動輒掛在嘴邊？

土埋真金，唬得人一愣一愣。母盛子衰夠唬人了，土埋真金更唬。

二十　淵海子平〈五行生尅制化各有所喜所忌〉

「金旺得火，方成器皿。火旺得水，方成相濟。水旺得土，方成池沼。土旺得木，方能疏通。木旺得金，方成棟梁。」官殺制我，始成有用之物。

「金賴土生，土多金埋。土賴火生，火多土焦。火賴木生，木多火熾。木賴水生，水多木漂。水賴金生，金多水濁。」印本生我，太多，兩氣不協，母盛子衰。

「金能生水，水多金沉。水能生木，木多水縮。木能生火，火多木焚。火能生土，土多火晦。土能生金，金多土變。」我生食傷，秀氣流行，過多，損我之氣，子盛母衰。

「金能尅木，木多金缺。木能尅土，土多木折。土能尅水，水多土流。水能尅火，火多水熱。火能尅金，金多火熄。」我尅者為財，最喜兩停。

「金弱遇火，必見銷鎔。火弱逢水，必為熄滅。水弱逢土，必為淤塞。土弱逢木，必為傾陷。木弱逢金，必為砍折。」官殺多，不以為福。

「強金得水，方挫其鋒。強水得木，方泄其勢。強木得火，方化其頑。強火得土，方止其燄。強土得金，方制其壅。」過旺，用食傷洩，更勝官殺制，旺極宜洩不宜尅。

二十一 十神

五行金生水，水生木，木生火，火生土，土生金，金又生水，循環不息。
　金尅木，木尅土，土尅水，水尅火，火尅金，金又尅木，循環不息。

十干甲乙木，丙丁火，戊己土，庚辛金，壬癸水，一陰一陽。

尅我者官殺，陰陽互見正官，同性相見七殺。

甲木遇辛金，辛為甲之正官，甲木遇庚金，庚為甲之七殺。

乙木遇庚金，庚為乙之正官，乙木遇辛金，辛為乙之七殺。另四行類推。

我尅者為財，陰陽互見正財，同性相見偏財。

甲木遇己土，己為甲之正財，甲木遇戊土，戊為甲之偏財。

乙木遇戊土，戊為乙之正財，乙木遇己土，己為乙之偏財。另四行類推。

生我者印綬，陰陽互見正印，同性相見偏印。

甲木遇癸水，癸為甲之正印，甲木遇壬水，壬為甲之偏印。

乙木遇壬水，壬為乙之正印，乙木遇癸水，癸為乙之偏印。另四行類推。

我生者食傷，陰陽互見傷官，同性相見食神。
甲木遇丁火，丁為甲之傷官，甲木遇丙火，丙為甲之食神。
乙木遇丙火，丙為乙之傷官，乙木遇丁火，丁為乙之食神。另四行類推。
同類者比劫，陰陽互見劫財，同性相見比肩。
甲木遇乙木，乙為甲之劫財，甲木遇甲木，比肩。
乙木遇甲木，甲為乙之劫財，乙木遇乙木，比肩。坊間命書有十神表格。
印生比劫，比劫生食傷，食傷生財，財生官殺，官殺生印，印又生比劫。
印尅食傷，食傷尅官殺，官殺尅比劫，比劫尅財，財尅印，印又尅食傷。

民國六十五年農曆閏八月十二日，下午4點半，四柱和十神

七殺　丙辰　偏印

正官　丁酉　劫財　白露後，寒露前。

命主　庚寅　偏財

偏財　甲申　比肩

辰偏印，寅偏財，申比肩，本氣，另有餘氣。酉金本氣。十一篇　地支藏天干。

先賢徐子平以為造化流行天地間，不過陰陽五行，陰陽五行交相為用，不過生尅制化，故特設比、劫、傷、食、財、官、殺、印等專有代名詞。考其最初設立這些名詞，並非虛構杜撰，而是本乎陰陽，察乎人情，個個都從親切處得來。

徐樂吾先生論造，常捨財官印食之名，直呼五行。以日干為命主是假託，十神是假託，身強身弱是假託。比劫傷食財官殺印十個稱謂，因日干而來。

二十二　十神的作用

官殺

先賢陳素庵說：「看官之法，先論日干強弱，日干強，則當扶官，日干弱，則當扶日。」

又說：「看殺之法，先論日干強弱，日干強，一點殺星，亦可不制，日干弱，不問殺之多寡，必須制之，合之，化之。制之用食傷，食較有力，合之用刃劫，刃較有勢，化之用印，偏正同功。」「制凶作吉，借殺為權。」

註　食神制殺，陽刃合殺，印星化殺。

傷官見七殺，陰陽互異，較為有情，不如食神制七殺，同性相斥尅力大。

劫財在天干，尅合枝折葉落，陽刃在地支，尅合根本動搖。

五陰傷官合殺，五陽劫財合殺。「殺無刃不顯，刃無殺不威。」

食傷

先賢陳素庵說：「看傷官之法，不當月令，局成他格，些小傷官為害則去之，不為害則置之。雖當月令，用以敵殺，當從殺格推究。局中無可取用，傷官當令有援，黨眾有勢則用之。雖不得令得勢，日主旺甚無依，止一、二點傷官略成氣象亦用之。用之者何？以其我所生，雖不如食神純粹，是我精氣流通可取也，然必生出財神，方為有用，否則頑而不靈，徒洩我氣耳！」

「用傷大法，日主強健則喜財，日主衰弱則喜印。舊分五行孰可見官，孰不可見官，支離無理。」

「陽由陰毓，陰自陽生，原非氣類，專尅官星。竊命主元神，既非良善，傷日干貴氣，更肆縱橫。然善惡何常，但須駕馭，英華發外，多主聰明。遇殺合留，或資其用，須財生發，亦賴其能。較食神終非善類，不喜多逢。」

又說：「看食神之法，用以制殺，則食殺相較。殺重食輕，當扶食抑殺，食重殺輕，當扶殺抑食。無殺可制，只以食神取用，當令有援，成局有勢皆妙，然須生出財神，或局中有財，或運行財地，方為有用。食神正官相似，性情和順，多吉少凶。舊云只要一位，不然，先看日主強衰，身食兩旺，可為貴格。」

「主強食寡，貧罄瓶缶，主弱食多，災生口腹。」

印

先賢陳素庵說：「陽生陰日，陰生陽干，譬居官受印，爰享祿持權，助正官彌增榮顯，化凶殺妙有周旋。倚以扶身，印旺不愁衰弱，取之為格，印破立見迍邅。印得力兮，切忌財星而壞，印太過兮，反以見財為歡。論財印先後，不必拘隅，問日主旺衰，庶無偏曲。」

又說：「陰來生陰，陽來生陽，乃偏氣養育，非正印慈祥。尌食最凶，有梟神之號，生身有用，亦佐主之良。惡殺得之，化其暴悍（殺印相生），傷官用之，禦其強梁（五陽偏印合傷）。身旺食輕，逢之必遭吞啖（偏印吞啖煞），官多印缺，借之亦致榮昌。求以制梟，偏財勝於正財，較為有力（同性相斥尅力大），依之為命，偏印同於正印，不可遭傷。」

「舊書取印，喜正忌偏。大抵印不論偏正，但當月令而取之為格，必不可傷，即不當月令而倚之為用，尤不可傷，在局在運皆然。術家往往重財官而輕印，不知印被傷與官被尅財被劫相同。」

財

先賢陳素庵說：「正財者，譬己財聽我享用，若正供（法定賦稅）應得輸將。清而入格（正財不見偏財混雜），貴顯不須官殺，濁而成局（正偏財並見），富亦甲鄉邦，無破無冲為美，得時得位彌昌，生官廟廊赫奕，滋殺台閣軒昂，奪財劫凶於比，生財食勝於傷。官殺疊逢，財輕易洩，祿刃得力，財眾無妨。身旺財微，須藉食傷生發，財多身弱，反資比劫相幫。夏月旺火遇多金，豐盈異眾，春時衰土臨眾水，聚散無常。」「財雖養命，總非弱主能勝，印即扶身，勿與旺財相角。」

又說：「看財之法，不論正偏，只取得時得勢，適當月令而有氣為得時，不當月令而成象為得勢，然看日干強弱為要，日干強，則當扶財，日干弱，則當扶日。舊又有『惡露喜藏』之說，此亦謬認財為錢幣耳！」「時上偏財、時上財庫、日時專財、夾財、拱財等格，多立名目，不若四柱通融取用，較簡當也。」

比劫

先賢陳素庵說：「陰陽諸干，祿刃互例，祿是本氣，刃則異情。祿得力兮，不過扶日有功，祿太多兮，亦恐傷財不利。陽刃子午卯酉，陰刃巳亥寅申。陰日取以幫身，變衰成旺，陽日用之合殺，轉害為恩。殺刃相須相濟，一缺威權不振，兩停勢位彌尊。陰刃傳訛，禍福故無確驗，陽刃取斷，喜忌亦多妄分。總之祿之與干，一德同心，刃之為物，多凶少吉，弱主方喜相親。」

又說：「比劫祿刃，異情同類，皆助身之神，特比純劫駁，祿和刃暴耳！比與劫，主衰殺旺則用之，身弱財多則用之，取以助日，刃尤妙於合殺，蓋刃殺剛暴之物，相合則如猛將悍卒，處置得宜，為我宣威奮武，人命值之，貴而有權。」

註　五陽劫財合殺。庚殺乙刃，壬殺丁刃，甲殺己刃，丙殺辛刃，戊殺癸刃。

先賢萬育吾說：「陽刃、建祿、劫財、比肩，名雖不同，實一家同氣之神，地支者曰刃曰祿，天干者曰比曰劫，取用大略相同。」

正官的作用：拘束日主。正官有如君子，日干強，無不喜其管束。

制劫存財，財官二物，依之為命。

七殺的作用：化財生印。日干弱，財星壞印，七殺通關，財、殺、印，輾轉有情。

制合劫刃。日干旺，七殺攻身，制劫存財，借殺為權。甲木用己財，乙木劫奪，見庚殺貪合忘尅（乙庚合），己財失而復得，殺刃双停為貴，一箭双鵰。七殺合去劫財，借兩凶為權。另四行類推。書云「刃為兵器，無殺難存，殺為軍令，無刃不尊，刃殺兩顯，威震乾坤。」殺刃双停即劫財合殺、七殺合劫。

食傷的作用：比劫爭財，食傷為財星、比劫通關之神。
　官殺並見，傷食尅合，去留轉清。
　吳老師說：「食神制殺，日干轉弱，發大貴的不多，劫刃合殺或印星化殺，身強殺旺，假殺為權，性格剛強，氣派非凡，小職位不願幹，因勢乘時，發大貴的較多。」
印星的作用：身弱見殺，殺印相生，見官，官印双清，皆是美造。
　傷食重，印星生身制食傷。
財星的作用：洩食傷，日干秀氣，源遠流長。制印護食傷。
　財為我尅，最喜兩停。
比劫的作用：日干弱，比劫抗官殺、奪財、代洩。
　日干強，比劫再來，命主更無財官依賴。

節氣與時辰，是寒暖燥溼的條件之一，也是命格高低的條件之一。

夏天的小孩喜生晚間，冬天的小孩喜生白日，入夜涼爽，白晝陽暖。月令有提綱之說，力大無窮，制衡月支，唯獨時辰。晚間避開戌時，白日避開辰時。辰戌為水火二庫，顛倒於晝夜之間。

二十三　論命方法

先賢陳素庵說：「看命大法，不過生尅扶抑。列下四柱，先看日干是何五行，隨看月支，生我尅我，我生我尅，即取為格。以日干與財官較其強弱，強者抑之，弱者扶之。」水火強弱。

「推命先看日干，或得時（日干生當旺之月。火生夏令，水生冬令。另三行類推。）或失時（日干生不當旺之月。火旺於夏，生春、秋、冬及四季，皆不當旺。另四行類推。）或得勢（日干黨多），或失勢（日干黨少）。下坐某支（日支），緊貼某干（月時），於日干生尅扶抑何如？隨看其餘干支，於日干生尅扶抑何如？

此恆法也。不特日干，柱中干支，如此斟酌。」

「年月日時，列為四柱，天幹地枝，辨其五行。以月令為提綱，得時者榮，失時者悴。取日干為主宰，益我者喜，損我者憎。爰察諸神之區別（比劫傷食財官殺印），皆因命主之尅生。古分六格，未盡干支之理！舊取一用，豈盡喜忌之情？為印為官，為食為財，雖正有時不貴，曰梟曰殺，曰傷曰劫，雖凶間亦有禎。格局紛紜，是者宜從，妄者必闢。神煞雜亂，多則無主，簡則可從。命貴中和，偏枯終於有損，理求平正，高遠不足為精。」

吳老師說：「格局是八字的稱謂，好命壞命不能以此為斷，不可一見正官格、正財格、正印格、食神格就說好命，一見傷官格、七殺格、偏印格就說壞命。格局有成有敗，有太過有不及，人生乃有貧賤富貴的不同。」

辛生寅月，寅藏甲丙戊，本氣甲木不透，透丙火，正官格。丙為辛金正官。甲木不透，月令之故，亦可取正財格或財官相生格。甲為辛金正財，與丙木火相生。

辛生卯月，卯中獨藏乙木，不透，亦取偏財格。乙為辛金偏財。餘類推。

二十四　月令格局

日干命主，月定格局，官殺、食傷、財印、祿刃八格。中國人喜財格、官格，一見財官格，眉開眼笑，不知財官格也有下命之人。

先賢任鐵樵說：「禍福災祥，詳推干支配合與衰旺喜忌。四柱干支置之勿論，專從奇格神煞妄譚，以致吉凶無驗。命中至理，只存用神，財官印食，傷殺梟劫，皆可為用，勿以名之美者為佳，惡者為憎。能審日主衰旺，用神喜忌，當抑則抑，當扶則扶，去留舒配，取裁確當，運途否泰，無不驗矣！」

傷官、七殺、偏印、羊刃，為我所用就是心肝寶貝，愛之護之，唯恐不及。

命例

七殺	壬申	偏財
正印	乙巳	比肩
命主	丙子	正官
七殺	壬辰	食神

丙生巳月，夏火建祿格。殺星双透，二壬沖丙，年支復合金水（財殺），權取祿神幫身。

古人論造，不喜身強，有月令建祿不住祖屋之說。反觀本造身弱，二火一沖一合，祿神（月令喜神）從權而用。

二十五　大運排列

例一　乾造　民國五十三年農曆七月八日，中午11點半，查萬年曆，四柱

甲辰

壬申　立秋後，白露前。

丙申

甲午

例二　坤造　民國六十九年農曆九月二十三日，凌晨3點20分，四柱

庚申

丙戌　寒露後，立冬前。

丁丑

壬寅

幾歲起運?陽男陰女順行（年柱分陰陽），出生日時，數至本月中氣終了（下月立節之始），陰男陽女逆行，出生日時，逆數至本月立節之始，各幾日幾時辰？

例一生於立秋後8天，陽男順行，出生日時，數至下月立節，得23日6時辰，三日折一歲，一日折四月，一時折十天，出生後7年10個月起大運，即每逢壬年或丁年，芒種後8天交運，虛齡9歲起運。大運月柱而出，排列

9癸酉　19甲戌　29乙亥　39丙子　49丁丑　59戊寅　69己卯　79庚辰

例二生於寒露後23天，陽女逆行，本月立節，數至出生日時（即出生日時逆數至本月立節），得22日8時辰，出生後7年6個月又20天起大運，即每逢戊年或癸年，立夏後13天交運，虛齡9歲起運。大運排列

9乙酉　19甲申　29癸未　39壬午　49辛巳　59庚辰　69己卯　79戊寅

先賢陳素庵說：「夫大運分陰陽年，男女從月建起，其理有根，人各不同，吉凶易辨。小運不論何年何月所生男女，俱起丙寅、壬申，其理不確，凡人皆然，吉凶何憑乎？況有大運、流年，頭緒已多，更加小運，紛紜愈甚，眩惑愈甚矣！故削之。舊又從生時起小運者，陽男生甲子時，一歲乙丑，二歲丙寅，三歲丁卯。陰男生甲子時，一歲癸亥，二歲壬戌，三歲辛酉。女命反是。生造之說，不足據也！」

宋曇瑩註消息賦，月柱小兒運。不必另起小運，多生事端，自找麻煩。

二十六

算命方法從何而來？以果求因，以因求果並用。

為記載時間，黃帝時代，大撓創立六十干支。一說包犧氏。

五行生尅之論，起自漢儒。先民論命，年柱干支為主，月柱日柱為輔。農民曆沿用舊習，專論生肖。

至五代徐子平繼承李虛中法術，以日干為主，配合四柱干支陰陽五行，理論基礎鞏固，實證結果也非虛妄，這是中國命理學演進的一大機運。其後一千多年，名家輩出，著作如林，已經是一門相當成熟的學問。

吳老師說：「古代命書對格局、用神如何選定，未作完整介紹。迨清初內閣大學士海寧陳素庵先生著命理約言，山陰沈孝瞻進士著子平真詮，名士任鐵樵註滴天髓（滴天髓原註先賢劉伯溫），命理底蘊，躍然紙上。近人習命理得以體會其精義者，多賴此三書。」

「命學初創，虛邀財官入局，紆曲生造，權作解釋，徒增繁亂。雜格競出，命名不經，後人譏笑。明、清以來進展神速，法則耳目一新，不但簡單明瞭，推論通則，除調候外，無不適用。」

「由陳氏議論看來，可知命學演進之一斑。」而每每說：「後學之人，實應急起直追，則命學有新境界。」

格局有正有變。子平真詮明其常，滴天髓明其變，兩書互相銜接。

有此一說，李虛中用齊年月日時，與今無異。

先賢陳素庵說：「用傷大法，日主強健則喜財，日主衰弱則喜印。」這也是所有普通格局取用法則。

二十七　財印

身強用財，身弱用印，是論命法則之一。

八字排出，尅洩多，身弱，扶助多，身強。何者扶助？印星生我，比劫祿刃幫我。何者尅洩？官殺尅我，食傷財星洩我。食傷，我生，財星，我尅。食傷多，一母多子，元氣大傷。財多，工作過重，不等做完，倒先累垮。命理財多身弱。身強用財洩力，身弱取印扶身。

命例

偏財　壬午　正印

傷官　辛丑　劫財

命主　戊申　食神

七殺　甲寅　七殺

戊生丑月，傷官生財格。金水双透，寅申六冲，年支午刃。

本造丑中金水兩透，即取為格。身弱喜印，寅午千山萬水，中運正南方火，天覆地載，久別重逢。生冬至後，年柱壬午，陽男，大運順行。

命例

比肩　甲子　正印

劫財　乙亥　偏印

命主　甲戌　偏財

劫財　乙丑　正財

甲生亥月，水木偏印格。木星四透，三會北方，日支火庫，洩旺取暖。

本造十月小春。水寒木凍，得火二用。運轉東方，漸入佳境。

二十八

命造最怕旺極無依或弱不堪扶。

旺極無依，財官至弱，弱不堪扶，財官過多，皆是偏枯。偏枯的八字不多，如人中等之姿，兩極化的長相較少。

「男人身強好自立，女人身弱可倚人。」多數人稍弱稍強，顯其優點。自立心想事成，倚人享受現成。

什麼時候心想事成？什麼時候享受現成？運助之時。

前人論造專重財官，其實財官過多，不勝負荷，何福之有？社會上哪個大企業家是身弱之人？身強能任財官，擔當得起，享受得了。身強運籌帷幄，名利双收，身弱以身發財，得之勞力，格局較小。

本篇論兩者差別，不是世間只兩種人，也不是身弱不能富貴双全。

二十九

朋友合婚，相士說男方双妻命。箭在弦上，只能賭一把。如今結縭五十載，伉儷情篤，從來沒鬧什麼是非。

命理財星看妻，官殺看夫。双妻双夫，財星双透或官殺競透，身弱喜印，豈可混為一談。

双透的相反是不透，不明顯。天干一個財殺都沒有，這等命造多數身強，衍生妻星、夫星不明，嫁娶希望渺茫，甚然可笑。原局無財殺的男女，適婚之齡結婚多得是，宜闢之。

身強財星論錢，身弱印星論錢，此用神也。

身強用正財，性格慳吝不浪費，身強用偏財，出手濶綽，財大氣粗。正財生正官，一如君子，循規蹈矩，偏財生七殺，膽大包天。

三十 偏財

財為養命之物。我尅者為財，以力相求。

升斗小民最關心的是錢，再追一句「有沒有偏財運？」

先賢陳素庵說：「舊謂『正財乃分內之財，遇之非奇，偏財乃眾人之財，得之為美。』夫不安己之分，而喜取人之物，此貪夫之見耳！」又說：「借財為喻，原非專指金銀。」

正偏財同為我尅之物，不過陰陽互見或同性相見的差別。甲尅己，己為甲之正財，陰陽互見，異性相吸，尅力小。甲尅戊，戊為甲之偏財，同性相見不留情，尅力大。另九干類推。

財與身對立，勢均力敵，格成兩停，當是富貴中人。原局偏重偏輕，歲運相助也能心想事成。身弱助身，財弱助財。

「羨為横財，非理之妄談當闢。」身強財星論錢，身弱印星論錢。一見偏財，天花亂墜，可嘆也。

三十一　財庫

丑，金庫，丙丁尅金，丑為火命財庫。

辰，水庫，戊己尅水，辰為土命財庫。溼土附水而生。

未，木庫，庚辛尅木，未為金命財庫。

戌，火庫，壬癸尅火，戌為水命財庫。燥土附火而生。

辰戌土庫，甲乙尅土，辰戌木命財庫。一冷一熱，南轅北轍。

十天干周行十二地支，各有生旺死絕，如人一生，出生、長大、治事、無可匹敵、漸弱、病、死。墓也是庫（收藏），最後一根，爾後氣力全無。之後三地絕、胎、養。

十二稱謂是事物現象的代名詞，望文生義，無稽至極。八字喜財，財庫不如財刃，庫氣若游絲，刃如日中天。八字不喜財，游絲都難以承受，避之惟恐不及。身弱喜印，印刃、印庫，求之不得。一見財庫，不問喜忌，讚不絕口，可嘆也。

丑未力大無窮，非關金庫木庫。丑未水火餘氣，又名衰，力勝子午。

三十二　墓

朋友送小孩上才藝班，路邊信手算個命，相士說她「木墓拱門」。二十多年，兩個女兒長大，立足社會，非常孝順，她才釋懷。

四柱重月令有門戶之說，木墓拱門六月出生，非得用這詞兒？那麼三月生水墓拱門，九月生火墓拱門，十二月生金墓拱門？

十天干周行十二地支，分生旺死絕。未是木墓，甲乙周行地支最後一根，之後木氣全無。其餘四行周行地支，也有最後一根，這是事物發展歷程的代名詞。

墓另有名稱「庫」，世人不是喜歡財庫？明明同一個東西，也能編派出不是？一見木墓，不問喜忌，信口開河。喜木，見木的一根，有何不妥？忌木，最後一根，其力何懼？不用為財庫沾沾自喜，財庫力小，只是最後一根。

舊書「官星入墓」，比為大禍。木命金為官，原局歲運逢丑。另四行類推。正官有根氣，何樂不為？「旺殺投墓，住壽難延。」兩害相遇，以毒攻毒，正期天下太平。命學草創，不明就裡，今人照單全收，該打。

三十三 冠帶

先賢張楠說：「冠帶互逢，定是風聲之醜。」

冠帶，辰戌丑未也。辰戌丑未是墓庫、餘氣、養，也是冠帶，都是十天干周行十二地支的代名詞。

甲乙經長生、沐浴到丑地，好像小孩長大，須要交際的禮服，所以名冠帶。

五行各有冠帶，木冠帶丑，火土冠帶辰，金冠帶未，水土冠帶戌。燥溼土附水火而生。同類不免相沖，穿鑿曲解成風聲之醜，何故？難道衣服脫了光屁股，丟人現眼。還當真是衣冠，可笑。

命書扯蛋不勝枚舉，照本宣科？

除了財庫，刃也被江湖搬三弄四。和財庫一樣，刃是十天干周行十二地支的代名詞。說得活龍活現。

三十四　陽刃

十天干周行十二地支，分生旺死絕。五陽甲木帝旺卯，丙火戊土帝旺午，庚金帝旺酉，壬水帝旺子。干支配合無甲卯、庚酉，天干坐帝旺只有丙午、戊午、壬子。溼土附水而生，戊子亦坐帝旺。戊午燥土坐刃，戊子溼土坐刃，六冲旗鼓相當。

歷代命理學者對陽刃的說法不一。有主五陽干有刃，五陰干無刃，而有陽刃之名。有主陰陽干均有刃，五陰干坐刃的干支為丁巳、己巳、癸亥。溼土附水而生，己亥亦坐陰刃。陰陽同生同死，乙卯、辛酉，也論天干坐刃。

萬物既成而未極則為福，已極而將反則為凶。帝旺乃十干盛極之地，有反福為凶之兆，故以刃名之。

舊說日刃，丙午、戊午、壬子（戊子），男妨妻，女妨夫，又說多刃傷六親，都是妄斷之言。水命喜水坐一子，火命喜火坐一午，配偶賢良，求之不得，何禍之有?世間日刃的男女，夫妻白頭偕老，比比皆是。六親各有命造，隱而難知，盲人摸象，不無勉強之嫌。

這一個刃，是事物發展歷程的代名詞。日刃生離死別妻（夫），多刃傷六親，宜闢之。

三十五　桃花驛馬

子午卯酉、寅申巳亥全。

寅申巳亥四長生、四祿、四驛馬，一如子午卯酉四正、四刃、四桃花。

驛馬與祿有時同支，刃與桃花有時同支。江湖喜談桃花驛馬，一見驛馬多，桃花多，大做文章。「一生少成，飄泊不定。貪淫好色，飛來橫禍。」

馬性奔馳，風塵勞碌，桃花因色遇害，刀劍殺人，全是想當然。四刃全，四驛全，同類相沖。中國人喜靜不喜沖。四沖水火勢均力敵，不足懼也。君不見乾隆爺四朵桃花（四刃），一生榮華富貴，壽終正寢。

有個小朋友，他娘：「算命的說我兒子不喜歡女人。」笑話，不喜歡女人，難道喜歡男人？兩情相悦，天經地義，何況他爹是個色鬼。豈可八字不見桃花，不喜歡女人。

命例　乾隆

劫財　辛卯　正財

正官　丁酉　劫財
命主　庚午　正官
七殺　丙子　傷官

庚辛双透，酉月子時，丙丁高照，二劫合殺化水，子午卯酉六冲。少運南方，六十年木火，四十年助用。

本造殺刃合。身強喜財官。四冲，水火照常取斷。

長生、祿、刃，都是十天干周行十二地支的代名詞。四刃、四祿、四長生，金木水火，其力均等。燥溼土附水火而生。九篇　天干生死歷程。

吳老師說：「星盤、斗數的定則名詞，常移於子平術。自行創設的也不少。江湖術士二者兼修，為人論命星平合參，滿盤陰陽怪氣，以為洩盡天機。」神煞之名，多如牛毛，飄空而入，令人捧腹，今日聊博一粲。

論姻緣，男命有益財、退財、至門守寡、妻多厄、死剋妻、墓妨妻、絕剋、鬼歸、財、富貴多子、不娶鰥居、殺妻。女命有益財、退財、至門守寡、夫多厄、死魂夫、泉魂夫、死魂子、鬼夫、財夫、富貴多子、不嫁同居、殺夫、骨髓破、鐵掃帚、大敗、八敗、大狼籍、飛天狼、小狼籍、孤辰、寡宿、重婚煞、再嫁煞、絕居人、頭帶煞、腳踏煞、咸池煞（桃花）、破碎煞、六害（六穿）、亡神、劫煞、相冲（六冲）、天掃帚、地掃帚、陰陽差錯。

合婚有生氣、福德、歸魂、絕體、天醫、游魂、五鬼、絕命。

真厲害，不嫁同居都知道。女命是男命的三倍，可見性別歧視。換了現代，還跑出劈腿煞。

小兒關煞有四季關、四柱關、百日關、鐵蛇關、閻王關、斷橋關、雷公關、短命關、雞飛關、落井關、金鎖關、真難關、休庵關、鬼門關、五鬼關、急腳關、撞命關、天吊關、千日關、斷腸關、夜啼關、深水關、下情關、水火關、取命關、浴盆煞、湯火煞、急腳煞、白虎煞、天狗煞、將軍箭、金鎖匙、真難星。

吉星有天乙貴人、天官貴人、福星貴人、天廚貴人、天福貴人、文星貴人、太極貴人、節度貴人、三奇貴人、天德貴人、月德貴人、月德合、官祿、天廚祿、生成祿、連珠祿、朝元祿、飛騰祿、飛祿、名位祿、夾祿、正夾祿、双夾祿、拱祿、支祿、時祿、食祿、官祿、食神、連珠食神、祿馬食神、印綬遇祿、天財、飛財、驛馬、生成馬、五行正印、官史貴印、華蓋印、日學堂、十干學堂、十干學館、食神學堂、食神學館、官貴學堂館、科甲星、科名星、天元祿、地元祿、人元祿、天地經緯、職元、行主、天赦、將星、月將。

凶星有方位煞、劫煞、亡神、八煞、地煞、追魂、流霞、斗杓、注受、殿駕、赦文、唐符國印、桃花、紅艷、羊刃、日刃、三刑、六害、十惡大敗、四廢、冰消瓦解、十大空亡、六甲空亡、天敗空亡、截路空亡、天上空亡、十干空亡、四大空亡、反吟、伏吟、天羅地網、三坵五墓、天雄地雄、天耗地耗、官符、飛廉血刃、血支、孤辰寡宿、埋兒煞、衝天煞、指背煞、破碎煞、懸針煞、平頭煞、曲腳煞、

尅妻煞、暴敗煞、吞啗煞、呻吟煞。

近兩百種，歸納干見干、支見支、干見支、支見干，何季見何干何支？日干見何支何干？納音見何支？不外四柱天地相互關係。

月將原為六壬卦的神將，介入命書，始於陳素庵先生。語出命理新論。

三十六　關煞

江湖喜談關煞，尤其小兒、婚姻之事。名目繁多，極盡荒唐。

先賢張楠曾痛下鍼砭：「男之擇女，八字貴看夫子二星，女之擇男，八字貴得中和之道。骨髓破、鐵掃帚、六害、大敗、狼籍、飛天狼籍、八敗、孤虛，此謬說止將人生肖、月支一字為犯，豈有是理？蓋論人之禍福，四柱俱全，尚不可得，而以年月二字，斷頭絕腳，立諸空言，刻諸板籍，妄立險語，駭人聽信，後世愚夫愚婦遂以為真。或有斯犯，即駭而驚。高明知其無驗，彼亦不信『此是神仙留記，無驗安肯刻板？』登科及第，止讀儒書，未諳此理，遂使下愚『此人尚且酷信，我何疑焉？』一犬吠形，百犬吠聲。」

先賢陳素庵說：「舊書神煞，一一細推，毫無義理，十嘗七八，且一字聚吉凶十餘，福禍何以取斷？術家逞臆妄造，每一書出，則增數種，欲以何說惑人，即立何等名色，往往數煞只是一煞。不知人命吉凶，由格局運氣，安可偶合神煞信之。桃花、流霞、紅艷為男女淫慾之徵，然端人正士，烈女貞夫，犯之者多。桃花煞亥卯未在子，寅午戌在卯，巳酉丑在午，申子辰在酉，皆五行正印。流霞煞乙遇申正官，丙遇寅長生，辛遇酉祿神（陽順陰逆），何所見其褻乎？春花無不妖冶，何獨桃花淫花？干支字面相見，有何紅色艷態？神煞誕妄，皆此類也，一一闢之，太費辭說，達理之士，自當曉然耳！」

先賢任鐵樵註滴天髓：「桃花咸池，專論女命邪淫，受責鬼神。金鎖鐵蛇，謬指小兒關煞，憂人父母。奇格異局，神煞納音，好事妄造，非關命理休咎，據此論命，必以正為謬，以是為非，吉凶之理，昏昧難明矣！」

舊台灣養女多，父母女兒骨肉離散，悲劇疊演，江湖術士興風作浪，當為原因之一。以訛傳訛，牢不可破，可嘆也！

三十七　特別格局

特別格局建祿格、月刃格、從格、化格、一行得氣格、兩神成象格。建祿、月刃歸類特別，實則與普通格局無異，因其成立條件較嚴，優先選用。

甲乙生寅月，丙丁戊己生巳月，庚辛生申月，壬癸戊己生亥月，建祿格。

甲乙生卯月，丙丁戊己生午月，庚辛生酉月，壬癸戊己生子月，月刃格。

四孟月為祿，四仲月為刃。陰陽同生同死。燥溼土附水火而生。

一行得氣就是從旺格，兩神成象只是看法，根本不是格局。特別格局只有從、化，兩者神似，皆以偏旺氣勢取勝。

從格　戊戌

戊午

丙戌

乙未

丙生午月未時。木火土四透，午刃疊合，滴水全無。

化格

戊戌
戊午
癸未
丁巳

癸生午月。火土三透，癸丁復冲，二官如影隨形，巳未拱午，方局疊見。

兩造以天透地藏的烈火為用，只是化格多了合化現象。

成則從化，不成則捨，以正五行常理推論，仍可發富發貴。

從格就是從象。偏旺一方，成立，上命，否則苦不堪言。徐樂吾先生說：「既不能從，又不能令。」一無是處。上命與下命，一線之隔。

三十八　從格

命以中和為貴，水火勢均力敵，不寒不燥。偏旺一方，無用神可取？吳老師說：「日干弱不堪扶，就普通格局，亦無成格之理。」不可能有無用神可取的八字。

古人論造專重財官，沒有財官富貴双全，百思不解。於正格之外，別尋原委，先後發現偏格。

先賢陳素庵說：「滿柱皆官，則當從官，滿柱皆殺，則當從殺，滿柱皆財，則當從財，滿柱皆食，則當從食，滿柱皆傷，則當從傷。」又說：「日主無根，勢屈不堪培植，他神滿局，黨多難以伏降，貴達權以通變，宜捨弱以從強。從殺其常，正官理應同例，從財固美，食傷力亦相當。」

先賢任鐵樵更以為：「從象不一，非專論財官。日主孤立，四柱無生扶，滿局官星，謂之從官，滿局財星，謂之從財。尚有從旺、從強、從氣、從勢之理。」日主無根，弱不堪扶，食傷財官殺，氣偏一方，強不可遏，只好逆來順受，借他人之力，以成其勢。江河之水，可順不可逆。

從格在古代僅有從殺、從財，以後逐漸增多，從官、從食傷、從強、從旺，甚至從勢、從氣。從氣兩行偏強，水木、木火、火土、土金、金水。從勢三足鼎立，木火土、火土金、土金水、金水木。

普通格局論互補，從格以旺盛的從神為論命樞紐。

食神格尤秀者，土金毓秀格、金白水清格、水木清奇格、木火通明格，取用與從氣神似。獨漏火土，閉門造車，畫地自限。

先賢異口同聲「陰干易從，陽干難從。」個人以為「金木易從，水火難從。」金木不過臣子，三朝元老，心安理得。水火如君王，失勢一心復辟，其志不變。這個世界水火是主角，其餘三行陪襯而已。

三十九　從

先賢陳素庵論十干性質：「命家作為歌賦，比喻失倫，不一而足，當盡闢之，只以陰陽取用，先看生尅，隨看制化，陰陽皆然，惟陽不甚受尅，陰不甚畏尅，陰易於他從，陽難於他從，此則少為異耳！」十八篇　十干性質。又說：「陰日之從為順，終無變更，陽日之從為逆，間參窮達。」

滴天髓言：「陽干從氣不從勢，陰干從勢無情意。」

徐樂吾先生補註：「從，有陰陽干之別。陽干從氣不從勢，陰干不論氣、勢皆從。」又說：「十干為五行代名詞而分陰陽，甲乙同一木，丙丁同一火，性質截然不同，其用迥別。陽干剛健，特立獨行，非至本氣休囚死絕之地，不能言從。雖臨死絕，見印仍為絕處逢生。財官黨眾勢強，弱自歸弱，運仍喜扶助，不能棄原來根性。陰干不然，四柱財旺從財，殺旺從殺，即使通根月令，自坐生地，亦所不論，此所以從勢無情意。陽干如男性，親友富貴熏天，只得自守窮廬，安於貧苦，努力奮鬥，不能以他人富貴為富貴，除非無家可歸，難以自存，萬不得已，捨己從人，其獨立為本性使然。陰干如女性，一見可從之勢嫁之而去，即以夫家富貴為富貴，不思獨立，亦本性使然也！」

註「陰干易從，陽干難從。」指從財、從殺。從格後來增多，從強、從旺。

陳素庵先生一行得氣格：「干乃領格之神，陽氣為強，陰氣為弱。」從旺格陽干之從，比陰干之從有力。

「萬不得已，捨己從人。」形同入贅。

「陰干氣、勢皆從。」女方不顧父母反對，眾叛親離也非嫁不可。

「生地」指長生。吳老師說：「木生於亥，根鬚猶枯，火生於寅，氣焰猶寒，財官印臨於長生之地，均不可以旺論，僅有生氣而已。」

從格以專旺為探討重心，而分真假。假行真運發福，時過境遷，一落千丈。誰說真從高枕無憂？歲運相助，變假為真，歲運逆旺，變真為假。

四十之一　假從

先賢劉伯溫說：「日干孤立無氣，天地人元，絕無一毫生扶之意，財官強甚，乃為真從。既從矣，當論所從之神，如從財，只以財為主，行運得其所者吉，否則凶。」又說：「日主弱矣，財官強矣，不能不從，中有比劫暗生，從之不真，歲運財官得地，雖是假從，富貴可取。」

先賢任鐵樵註：「假從者，如人根淺力薄，不能自立，局中雖有劫印，自顧不暇，日主亦難依靠，只得投從於人。其象不一，非專論財官，與真從大同小異。歲運不悖，抑假扶真，此乃源濁流清。」

八字構成，日干孤弱，尚有微根，歲運所從之神，冲尅會合，假行真運，也可發福。

「強衆敵寡，須去其寡也。」語出滴天髓。「全局氣勢已成，應順其勢，設有一、二點違逆之神，只有去之為美。去其寡，即所以成乎衆也，原局歲運，均同此理。」語出吳俊民先生。

四十之二　假從

滴天髓言：「真從之象有幾人，假從亦可發其身。」

徐樂吾先生補註：「格純而真，出身地位自高，行從神旺鄉，飛黃騰達。尋常之運雖無發展，不失其位，只要不行逆旺之鄉，即無失敗之慮，蓋其格局高也。若不純粹而假，行從神旺鄉與真從無別，但為一時之快，未交運前寒素，運過回復原來狀況。」

吳老師說：「真從純粹，大多生於富貴之家，行運得其喜用，克紹箕裘，逢逆運，只要不是犯旺，亦多履險如夷，這種格局，世不多覯。假從多生普通家庭，假行真運也可發貴，祇以時過境遷，一落千丈。從格大多假從，相較普通格局易於發展，所遇困難風險亦過之。」

舊書形容真從，比若天仙。非也。真從與假從，一線之隔。就論命經驗，假從富貴家庭大有人在，真從普通人家亦多。真從不得運助，灰頭土臉不少（爬得高摔得重），假從運差，輕車小馬，常常平安無事。徐樂吾先生與吳老師都有「犯旺」一詞。徐先生用逆旺。從格不行喜運，不是犯旺，也幾近犯旺，何來尋常之運？從格不論真假，行運大好大壞。

去天干易，去地支難，去金木易，去水火難，是從格成立的條件之一。

命例　去天干易　江小姐

劫財　丙午　比肩

正印　甲午　比肩

命主　丁卯　偏印

正官　壬寅　正印

11癸巳　21壬辰　31辛卯　41庚寅　51己丑　61戊子　71丁亥　81丙戌

丁火生午月，火旺土相。木火三透，甲己復化，正官四遇丙丁，寅午兩見，格取從旺。五行喜木火，忌金水。

幼少南方，掌上明珠。二十一歲壬辰，正官通根，起伏不免。三十一歲辛卯庚寅，木火得地，喜形於色。五十一歲運轉北方，己丑戊子，丁壬並留，錢財保守，注意養生。

今年戊戌，虛齡五十三，己丑運。

本造比劫遍野，一水三丁，真從火格。喜用俯拾皆是，六親無一不美。南方運早，盛年不過寅卯。晚歲正北方水，犯旺，變真為假。

命例　去地支難　林先生

傷官　辛卯　正官
食神　庚子　正財
命主　戊子　正財
偏財　壬子　正財

3己亥　13戊戌　23丁酉　33丙申　43乙未　53甲午　63癸巳　73壬辰

戊土生子月，水旺木相，月刃為格。土金水四透，三癸合日，火星絕跡，年支卯木。五行喜木火，忌金水。

幼年北方，亥子疊逢，生氣全無。十三歲戊戌，燥土火局，曇花一現。二十三歲丁酉丙申，丙丁無根，申子疊合，艱辛不免。四十三歲運轉南方，三十年木秀火明，戊癸化印，福祿堪誇。七十三歲壬辰，子辰三見，錢財保守，注意養生。

今年戊戌，虛齡六十八，癸巳運。

本造溼土月刃。財星高照，通根三子，地凍天寒。氣偏北方，卯木破格。

命例　去金木易　薛小姐

正印　癸酉　正官

正印　癸亥　偏印

命主　甲辰　偏財

正印　癸酉　正官

7甲子　17乙丑　27丙寅　37丁卯　47戊辰　57己巳　67庚午　77辛未

甲木生亥月，水旺木相。印星三透，辰酉復合，日干兩見溼木，四柱火絕，格取從強。五行喜金水，忌木火。

幼少北方，子丑清奇。二十七歲丙寅丁卯，烈日當空，時令化木，步履蹣跚。四十七歲戊辰己巳，二酉合，大吉大利。六十七歲庚午辛未，正南方火，逆水。

今年戊戌，虛齡二十六，乙丑運。

本造四喜神，歲運木火，小病。六親皆美，盛年寅卯反制，擇偶照子放亮。甲木假從水格。

命例　去水火難　黃小姐

偏印	癸卯	比肩
劫財	甲寅	劫財
命主	乙未	偏財
傷官	丙戌	正財

5乙卯　15丙辰　25丁巳　35戊午　45己未　55庚申　65辛酉　75壬戌

乙木生寅月，木旺火相，建祿為格。木火三透，癸水無根，時支重合，未土助紂為虐。五行喜金水，忌木火。

幼少東方，火庫疊合。十五歲丙辰，曲水通根，小吉。二十五歲丁巳戊午，去印，從食傷格，反忌為喜，情財兩遂。一沖一化，一假一真。四十五歲己未，火炎土燥，艱辛備至。五十五歲庚申辛酉，金氣縱橫，苦盡甘來。

今年戊戌，虛齡五十六，庚申運。

本造春月，氣偏東南，燥不可當。木火傷官喜印，癸水至弱，不能損去。丁巳戊午，從化，格局丕變。夫子兩忌，擇偶照子放亮。晚歲金運，受兒女之福。

大運從化，流年亦可損益增減。

化格從格相似，不用強分真假。從、化因歲運自分真假，何苦原命強分真假。

四十二之一　化格

化，五行尅合變化，又名化象、化氣。天干因尅而合，地支化神旺相，四柱不見化神尅星，化格成立。

合而化見尅神，化格不成，合化現象不變，為普通格局，化神喜忌，也以普通法則取斷。甲寅　丁卯　壬子　辛丑　本造丁壬合，生春月，化木，時柱辛丑，化格不成，合化不變。

甲己合，甲尅己，陽木尅陰土。

乙庚合，庚尅乙，陽金尅陰木。

丙辛合，丙尅辛，陽火尅陰金。

丁壬合，壬尅丁，陽水尅陰火。

戊癸合，戊尅癸，陽土尅陰水。陰陽有情，異性相吸，尅力小。既尅又合，尅力小。尅者與被尅者，環境推波助瀾，則化，變易原有性質。十六篇　十干合化。
甲己合土，四柱土旺，不見木尅，化土。
乙庚合金，四柱金旺，不見火尅，化金。
丙辛合水，四柱水旺，不見土尅，化水。
丁壬合木，四柱木旺，不見金尅，化木。
戊癸合火，四柱火旺，不見水尅，化火。合化己土、庚金不變，另八行變易。
先賢陳素庵說：「凡看命先看有無合化，日干與月、時相合，化作他神，生尅俱變矣！化木木論生尅，化火火論生尅。」化水論水，化火論火。

命例　丙申
己丑
辛丑
丙申
辛生丑月。土金双透，通根四支，二丙虛懸，化水。
本造化格，化神為用（水神）。辛金譬若女子聰慧過人，兩個男子（丙火）服服貼貼。上司出類拔萃，下屬唯命是從。十干合化，一陰一陽，個人不以為然。不得助力，合而不化。

甲己合土，四柱木旺，不能化土。甲己合，然不能化。

乙庚合金，四柱火旺，不能化金。乙庚合，然不能化。

丙辛合水，四柱土旺，不能化水。丙辛合，然不能化。

丁壬合木，四柱金旺，不能化木。丁壬合，然不能化。

戊癸合火，四柱水旺，不能化火。戊癸合，然不能化。

命例　丙申

甲午

丙戌

辛卯

二丙月刃。甲己燥土，辛金重遇火局，難通年支，四柱水弱，不化。

本造火土盛，化水不成。辛金寄人籬下，忍氣吞聲。歲運西北，二丙化水。

化格妙在氣勢。一陰一陽，拘日之說，作繭自縛，捨近求遠。

四十一之二　化格

舊書化格，須日合月時。

例一
丙午
癸巳
戊戌
己未　戊日癸月，不爭合，不遙隔，地支火盛。

例二
丁未
丙午
癸卯
戊午　癸日戊時，不爭合，不遙隔，地支火盛。三丁，正官順水推舟。

年干與日遙遙相望，不取。

例三　辛酉
　　　己亥
　　　丙申
　　　戊子　辛年丙日隔月，不取。

年月相合，不取。另有年時、月時相合。

例四　辛酉
　　　丙申
　　　癸亥
　　　壬子　辛年丙月相合，不取。

兩干爭合，不取。

例五　丙子

丙申
辛丑
丙申　月時二丙爭合辛日，不取。

一、二例化格，無疑義，何故三、四、五例不成？

化格與從格妙在氣勢。例三戊己双透，水局重見，丙辛中隔溼土，君子成人之美，豈有化不成之理？

例四亦化。先賢徐子平論造，以日干為命主定財官印食，不過權宜之計。徐樂吾先生常捨財官印食之名，直呼五行。日干命主，年月時也不是等閒之輩。四支力有輕重，四干無分軒輊。年月因氣勢合化，形勢比人強，日干樂觀其成。例四壬癸双透，子刃重合，旺水沖奔，丙辛焉有不化之理？

天干五合，一陰一陽，一甲兩己，一己兩甲，為爭合不能化。另有妬合，甲己合，庚尅甲或乙尅己為妬化。甲己化土，丁壬双露化木尅土，其局必敗。單見一壬一丁，歲運助化破格。餘類推。

先賢任鐵樵說：「爭合妬合乃謬論也！既合而化，貞婦配義夫，從一而終，不生二心。見戊己彼之同類，遇甲乙我之本氣，有相讓之誼。」

任氏所言，甲己合，化土成格，歲運戊己、甲乙。原命爭合，近水樓台，出双入對，落單的心相契，地相違，望眼欲穿，莫可奈何。庚殺妬而相侵，處置多端。

先賢沈孝瞻以為：「一夫不娶二妻，一女不配二夫，所以有爭合妬合之說，然到底終有合意，但情不專耳！」

爭合妬合，比比皆是，天干五合豈非動輒得咎？只問四柱氣勢助不助化，吹皺一池春水，庸人自擾。陰陽合，不見得非得比做夫妻。才高八斗，兩分工作，游刃有餘（一陽對付二陰，二陰合一陽。）男子無能遭女子欺負，旁人一見趁機打落水狗（二陰牽制一陽，二陰合一陽。）個案棘手，三人通力完成（二陽服從一陰，一陰合二陽。）債主多，疲於奔命（二陽追趕一陰，一陰合二陽。）例五二火坐申，年支子刃，水土疊合，三丙外強中乾，還不化嗎？

先賢陳素庵說：「舊書所載，某局生某月則化，不生某月不化，如『甲己生辰月不化，中有木氣，戊字有損，妬合也。』又云：『甲己戊辰時，化土方真。』既辰又戊，不自相矛盾乎？」天馬行空，捉襟見肘。又說：「化局看天干易，看地支

難，不特化神貴生旺，忌死絕，更須字字理會，孰能助化，孰能破化，孰助化反伏破神，孰損化仍可調停。行運又須看日主情勢，化神意向，變動推測，不可粗心率略也。世術於日干之外，餘干甲己二字，輒云化土可作土用，丁壬二字，輒云化木可作木用，夫化局以日為主，合月、時乃化，即合年亦在此例。餘干自相合，亦以化氣取用，四柱五行，俱無一定，不甚紛紜乎？此雖通根得時，必無化理，勿因柱缺某神，勉強借湊也！」

吳老師說：「年月天干尅合，化神得時乘旺，可以合化，但非化氣格，此說命家驗證成立。日干合年亦可作化與事實不符，陳氏之說保留。」「化格理論複雜，至今推論不精，歷代諸賢對此殫精竭力，窮理研幾，共同說法與互異之處並見。論化格，可與從格比較研究。」

化格不成，多半可從。從化一線之隔，何苦強分，多此一舉。四柱偏旺，即可從也，化格拘日之說，自尋煩惱。

四十一之三　化格

化格化木、化火、化土、化金、化水，一如從格從木、從火、從土、從金、從水。從財、從官殺、從食傷、從強、從旺、從勢、從氣，簡言，即從金、木、水、火、土。非也。從化問氣勢，化木、化金、化土，氣勢難成，化什麼化？從木、從金、從土，亦是此嫌。

「日干戊己，地支四庫全，無木尅，格成稼穡。」土行氣勢旺極，稼穡格，一行得氣格，從土格，從旺格。天干甲己合，化土格。

先賢陳素庵說：「柱中辰戌丑未，反不能化，蓋四支皆土氣，然互相冲擊，不成化局矣！」辰戌丑未，水火交爭，各為其主，不能同心，如何從化？從金從木，無水火助，任憑千載難逢，不過少陰少陽，較之太陰太陽，格局高下立判。

命例　馬先生

正印　辛卯　傷官

偏印　庚寅　食神
命主　壬午　正財
正財　丁未　正官
3己丑　13戊子　23丁亥　33丙戌　43乙酉　53甲申　63癸未　73壬午　83辛巳

壬水生寅月，木旺火相。金水三透，丁壬化木，午刃復合，格取從財。五行喜木火，忌金水。

己丑戊子，正北方水，犯旺。二十三歲丁亥丙戌，財星高照，木火重合，炙手可熱。四十三歲乙酉甲申，溼木金水，反覆無常。六十三歲運轉南方，三十年火土得地，金玉滿堂。

今年戊戌，虛齡六十八，癸未運。

本造春水虛懸。木星得時，丁壬化木，寅卯會木，充其量喜神。正財有情，更妙午未合，畫龍點睛。真神之最，戰無不勝，攻無不克。喜用俯拾皆是，六親無一不美。庚辛假從火格。

四十二　一行得氣格

一行得氣就是從旺格，又名專旺、獨象、類象、屬象。八字日干獨旺，比劫祿刃印星，權在一行。金木水火土皆有獨旺之時，命理學者就各行獨旺，另起五個名稱。

木日干生春月，支全寅卯辰，亥卯未，四柱無金尅，曲直格。
火日干生夏月，支全巳午未，寅午戌，四柱無水尅，炎上格。
金日干生秋月，支全申酉戌，巳酉丑，四柱無火尅，從革格。
水日干生冬月，支全亥子丑，申子辰，四柱無土尅，潤下格。
土日干生四季月，支全辰戌丑未，或四柱純土，無木尅，稼穡格。

先賢陳素庵說：「凡入此格，一須通月氣，得時令，二須時上生旺勿死絕，三則柱中無尅無破。但蠢然頑木、燥火、剛金、蕩水、濁土亦不足取，須帶食帶財帶印，有生動之機，唯不喜見官殺耳！大運逆行順行無不遇尅，則看原格所帶何神，有理會，有情致，尅亦不畏。若某格畏尅，某格不畏亦不盡驗。」又說：「五行合宜固為吉利，一行得氣亦主光亨。所愛者得時當令，所利者遇旺逢生。然體質過專引通為妙。水局見火，火局見金，財神資養，金局生水，水局生木，秀氣流行。大抵秉令成方（三會），福祿並臻，即使失時得局（三合），功名不誤。破神微伏，藉運合冲。」官殺破格，歲運冲合，轉敗為成。

滴天髓說：「獨象喜行化地，化神要昌。」此處生尅制化，非合化。

先賢以為日干專旺，食傷為化神，秀氣流行，方可行財官之地，官殺運食傷尅合，財運食傷通關，否則見官殺犯旺，見財羣劫相爭，凶禍立至，九死一生。任鐵樵先生：「獨象雖美，只怕運途破局，合象雖雜，卻喜制化成功。」

命理全書說：「專旺透官殺，破格，當以官殺為重，另取（專旺不能成立，論陽刃格、建祿格或普通格局。）透財雖不破，去之為美。透食傷透印成格，透印以印為用，透食傷食傷為用。」又說：「專旺格局，五行時令不同，三冬（丑月）氣候最寒，凍水不流，枯木不秀，無丙丁調候，是否成格實為問題。」

一行偏旺，難能可貴，傷食財洩，普通格局。稼穡格喜火土從其旺勢，又「晦火無光於稼穡。火炎土燥，無生育之意。」不是矛盾？季月辰未，木氣暗藏，還能格取稼穡？土分燥溼，水火交爭，可以成格？從革格生戌月，戊巳中有官殺，巳火裘馬清狂，不成氣候，火庫豈容掉以輕心？三冬喜丙丁，三夏（未月）萬物焦枯，炎上格不須官殺？何故財星可從，潤下格水勢嚴寒，亟須火星取暖？戊己日水氣旺極，不也地凍天寒，怎麼美其名從財？淵海子平：「水鄉渾然，真富貴人也，生冬月又為奇特。」各彈各調。

陳素庵先生說：「支乃會格之具，方力較重，局力較輕。」「方專一氣，格易成難破，局兼他神，格難成易破。」先賢以為一行得氣，三會為優，三合次之。三會氣聚一方，勢成一家，其力純粹，遇冲剋同舟共濟，不易破格。三合生、旺、庫成，駁雜不免，冲剋分崩離析。張楠先生說：「從革格剝雜，與潤下格同，富貴者少，當以別理推之。炎上格未見其美。」

什麼三合三會？分明水火為優，土金木為次。曲直、從革、稼穡，根本沒有這種東西。一行得氣與從強用印，從兒不忌比劫，喜食傷生財，甚至普通格局旺極宜洩不宜剋，有什麼兩樣？巧立名目，弄得人暈頭轉向。閉門造車，自圓其說，種種不通，顧此失彼。

四十三 兩神成象格

兩神成象又名兩氣双清，八字二行各佔兩干兩支，其力均等。計有相生五局，相尅五局。相生分我生、生我，相尅分我尅、尅我。

命例　戊辰
　　　辛酉
　　　戊辰
　　　辛酉　土金相生，我生之局。

命例　丙寅
　　　甲午
　　　丙寅
　　　甲午　木火相生，生我之局。另三局火土相生，金水相生，水木相生。

命例　戊戌
　　　癸亥

命例

戊戌
癸亥　土水相成，我尅之局。
戊戌
甲寅
戊戌
甲寅　木土相成，尅我之局。另三局水火相成，火金相成，金木相成。

先賢陳素庵說：「兩神成象格與双飛蝴蝶、兩干不雜俱不同，此二格因所得五行或三或四，無一定之理故不足憑。兩神成象者，八字五行得二而又均停，相生金水各半，不遇火土混之，木火各半，不遇金水混之，相尅金木各半，不遇火混，火金各半，不遇水混，只是兩神清澈所以可取。一字不均，即偏於一而不入格。此等四柱不少，無偏無混方取，又須有情理，無刑冲，行運一路清澈為妙，勿見柱止兩神，遽稱上格也。」又說：「或水或金，占四柱各半，或木或火，判兩類相停，相生必欲平分，無取稍多稍寡，相尅務須均敵，切忌偏重偏輕。如用金水，火土豈能夾雜，倘用水木，土金不可交爭。」

滴天髓說：「兩氣合而成象，象不可破也。」

先賢劉伯溫註：「天干屬木，地支屬火，天干屬火，地支屬木，其象則一，若見金水則破。餘倣此。」

徐樂吾先生補註：「既已成象，即不可破，木火之局忌見金水，水木之局忌見土金，破其所成之象也。餘類推。相敵以和解為美，破象為忌。金木之局，宜水解爭（此即通關），忌火金破象，水火之局，喜木解爭（也是通關），忌土水破象。偏重偏輕，同為破局。餘類推。」

吳老師說：「二行四干四支，四甲子、四乙酉、四丙申、四辛卯、四壬寅，因支強干弱，當以常理或從格推論。」又說：「我生之局最喜食傷生化，生我之局最喜印星生身，喜忌得失，我生之局與從兒格相似，生我之局與從旺、從強格相似，只是兩行成象兩行各占二干二支，勢力均停，細加推究並無特異之處，併入從強、從旺或從兒格亦無不可。我尅及尅我兩局，兩行各占二干二支，時令之故必定偏強偏弱，很難勢均力敵，尅我之力大於日干，以印為用，我尅之力大於財星，以食傷為用，尅我之力小於日干，以財官為用，我尅之力小於財星，以劫印為用，其與財官殺格的差異，也只是兩行必須各占二干二支，在命理上也沒什麼特異之處，併入官殺格或財格，亦無不可。」

命例

戊辰

庚申

戊辰

庚申　我生之局，亦為從兒格，喜財星生發。從兒格，即從食傷格。

命例

丁卯

乙巳

丁卯

乙巳　生我之局，亦為從強、從旺格。

命例

壬子

丙午

壬子

丙午　我尅之局，亦為財格。

命例　癸亥
　　　己未
　　　癸亥
　　　己未　尅我之局，亦為殺格。

兩神成象

滴天髓說：「震兌主仁義真機，勢不兩立，而有相成者存。坎離宰天地中氣，成不獨成，而有相持者在。」

震為卯，泛指木，主仁，兌為酉，泛指金，主義。坎為子，泛指水，主智，離為午，泛指火，主禮。東西、南北冲尅。

先賢任鐵樵註：「震兌勢雖兩立，亦有相成之義。坎離日月正體，天地中氣，不可獨成，必以相持為妙。」無東則西無以自存，無西則東無以自存，如欲均存，有「中」介入，即可相反相成。水火盈天地間，上下交濟，始能成全萬物。人命生存，也賴水火促進新陳代謝而保生機。

徐樂吾先生說：「金木相持必須有水，金木之氣並存。金木勢不兩立，用水通關。水火相戰必須有木，水火之氣既濟。水火為敵，以木引火。兩神對立，局清勢純，扶此抑彼，左右為難，爭戰之局，唯有和解。」此法即通關，金剋木，水洩金生木，水剋火，木洩水生火，輾轉有情。餘類推。若畫圓形圖表，通關一目了然。

附　双飛蝴蝶，兩干兩支相同，不問生剋。　兩干不雜，兩干相同，不問地支。

丙子　戊戌　丙子　戊戌

丙午　己亥　丙申　己丑

五行中和，陰陽均衡，氣勢流通，實洩補虛，一生少病。

四十四　疾病看法與先天體質

五臟，肝、心、脾、肺、腎，六腑，膽、小腸、胃、大腸、膀胱、三焦。醫理及命理，肝、膽東方木，心、小腸南方火，脾、胃中央土，肺、大腸西方金，腎、膀胱北方水。一陰一陽，互為表裏。

人體由五臟六腑，五行生尅和陰陽協調生存發展。偏勝偏衰，偏陰偏陽，洩有餘補不足或順其氣勢。吳老師說：「醫理名論，非深研者不知其底蘊。前後兩說，法則互異（內經及難經七十五解、六十九解。）以命理言，一常一變。」

金尅木，肝、膽病，水尅火，心、小腸病，木尅土，脾、胃病，火尅金，肺、大腸病，土尅水，腎、膀胱病。

內經說：「臟病難治，腑病易治。」乙肝，丁心，己脾，辛肺，癸腎，五陰臟有病，難治。甲膽，丙小腸，戊胃，庚大腸，壬膀胱、三焦，六陽腑有病，易治。

滴天髓言：「忌神入五臟而病凶，客神遊六經而災小。」又說：「木不受水者血病，土不受火者氣傷。金水傷官，寒則冷嗽，熱則痰火。火土印綬，熱則風痰，燥則皮癢。論痰多木火，生毒鬱火金。金水枯傷而腎經虛，水木相勝而脾胃泄。」

木旺於春，火旺於夏，金旺於秋，水旺於冬，土旺四季，時支、四干、年日，亦可損益增減。故火旺於夏，有時雖強亦衰，木死於秋，有時雖衰而強。甲木得時得勢，戊土失時失勢，必主脾胃之疾。火土燥熱難當，肺腎兩虧。辛癸旺相，乙丁死囚，肝心衰弱。

命理「五行死絕成疾，相尅成疾，相生太盛成疾。」即醫理所謂虛疾、實病。歲運助旺，旺益旺，衰益衰，不是旺相的臟腑生病，就是衰弱的臟腑生病，有時兩種臟腑同時生病。腎與心臟同時有病，即癸水丁火不濟所致。

五行過盛，所主的器官為實病。心、腎同時有病，一虛一實。相較實病，虛病難醫。身太弱多病，身太強狀況亦多，皆因偏枯，水火不諧。

從化成立，從其旺神推論，生機活潑，不以五行不全為病。大忌歲運犯旺，杯水車薪。犯旺以旺神為病。

四十五　十二月令（十二地支）

一月令，二時支，三年日。

五行強弱，寒暖燥溼，依據地支之力。地支根苗，所藏較天干繁複，十二月令細心揣摩。

六冲勢均力敵，旗鼓相當。實際取用，地位援引，決定勝負。

春夏六節。四季對峙，秋冬六節盡在其中。

二十四節氣，十二地支之力。天干單一，地支二、三。十二地支，卯酉金木，其餘十支所藏，不是三干就是兩干。

「根在苗先，實在花後。」地支根，天干苗，徐樂吾先生：「無根之苗易萎，不足貴也。」干有支無，金玉其外，華而不實，為喜為忌，力怯三分，地支催化，秀外慧中之妙。我喜歡你希望你天透地藏。舊論歲運，大運重地支，流年重天干。非也。大運司十載之休咎，流年管一歲之窮通，互為表裏。原命大運地支為重，流年流月地支為重，豈有兩種看法？

今天立春，木星建祿，三陽開泰。

冬至一陽，大寒二陽，雨水三陽，中氣，月中之正。

陰陽同生同死，甲乙木長生亥，祿於寅。

寅月餘寒。凍水肆虐子丑，臨了倒耙一把。申月同，水火似君王。

今天驚蟄，卯月花葉葳蕤，四仲月之一。

甲乙周行卯，帝旺，三春木氣最盛的月分。

庚辛周行酉，帝旺，三秋金氣最盛的月分。子午卯酉四正。

春木秋金，使盡吃奶力氣，不過少陰少陽。沒有金木，無傷大雅，沒有水火可慘，十銀不如一金。

春二月，驚蟄節，春分氣，氣在月中，又稱中氣。

春分，太陽直射赤道，黃經〇度。分者半也，此當九十日之半，故謂之分。陰陽相半，晝夜均，寒暑平。秋同義。春秋對峙，秋分黃經一八〇度。

春分之後，陽光直射位置繼續北移，白日一天比一天長，故春分又稱升分。

西洋人認為春分是春季之始，老祖宗知「兆」知「幾」，正月冷得要死謂之立春，七月熱得要命謂之立秋。月圓悲月缺是中國人的生命情調。

有的民族春分一年之始。春分年始，難不成清晨六時日始？立春年始，凌晨三時日始？冬至一陽生，祭祖長一歲。年、日周行軌迹，同始同終。零時日始，冬至年始。

辰戌丑未四季月。四立前十八天內季土旺。

五行土生金。徐樂吾先生：「燥土不生金」。燥溼土作用不同，實為二物，附水火而生，不可混為一談。辰為涼土（冷土），丑為寒土，戌為暖土（熱土），未為燥土。辰戌、丑未，棋逢敵手。辰藏戊癸乙，戌藏戊丁辛，癸丁冲，乙辛冲，熱土冲冷土。丑未類推。

辰中有水，溼木溼土，戌中有火，燥土燥金。水火辨燥溼。餘八支類推。卯酉金木，各為其主。

今天清明，暮春三月，雨潤煙濃。

春夏之交，一月水庫，清明。壬癸周行十二地支最後一根。前十多天溼木旺，春深無力生火，後十八天冷土旺。

最後一根，陽暖之氣也得迴避片刻。戌月同，水火似君王。

小雪六陰，亥月小陽春，小滿六陽，巳月小陰秋，造化無終窮之理。

今天立夏，火星正式登場。

丙丁周行十二地支，經巳地，建祿之名，力旺始以治事。

先賢陳素庵：「火當令而未燥。」亥月水旺未寒。

火生巳月，水生亥月，建祿為格。巳亥六沖，水火之祿，半斤八兩。燥溼土附水火而生。

今天芒種，午月端午，仲夏火星盛極，以刃名之。

八字喜火，月令午刃，一夫當關，萬夫莫敵。生芒種後，小暑前，月令真神，其格自高。

子月水氣旺極，力亦相當。子午六冲，水火之刃，不分高下。

夏至，中氣，九夏之半。太陽直射北回歸線，一年日照最長的一天，之後陽光直射位置開始南移。四正，春分、夏至、秋分、冬至，黃經〇度、九〇度、一八〇度、二七〇度。

夏至一陰生，白日一天比一天短。六陰之始，一年過了一半，一如正午12點，一日過了一半。年、日周行軌迹，同始同終。

徐樂吾先生說：「陰刃僅一，己見未是也。」徐先生認為陰干無刃，唯獨己土有刃。又說：「五行四長生、四祿、四刃。戊日午月，勿作刃看，土居中央，寄於四隅，故僅作印。」

非也。燥土附火而生，丙丁見午為刃，戊己見午為刃，不用另生事端「戊日午月印綬。未為己土陰刃。」以午為印，只解其一，不解其二。陰陽同生同死，陰干以陽干之刃為刃，何來陰刃？

既有燥土之刃，也有溼土之刃，子水是也，否則水火憑什麼互不相讓？燥溼土附水火而生，一針見血。子午月土日，一財一印，隔靴搔癢。

丙丁戊己（火土）周行十二地支，經未地餘氣。既是餘氣，又說陰刃，豈不分身乏術。名為餘氣，相較於刃，更有過之。

壬癸戊己（水土）周行十二地支，經丑地餘氣。丑未六冲，勢力均停。

今天小暑，未月火星盛極而衰，開始退氣。

巳午未一門三傑。大哥歲入中年，體力走下坡，老奸巨猾。二哥正值盛年，心智體能，無人匹敵。午火月令真神。小弟繡花枕頭，半壁江山，動輒拱手相讓。巳申合金，巳酉丑三合，火星等同閒神。

亥子丑一門三傑，作用相當。

八字喜火，未更勝午，八字喜水，丑更勝子。

春木秋金（少陽少陰）對峙，夏火冬水（太陽太陰）對峙，此六冲也。

江湖論命，六冲說得大禍臨頭，不過勢均力敵。

先民算命，年柱為主，日柱月柱為輔。草創不知時辰之重。農民曆沿用舊習簡化，專論生肖，一字解萬字，糊塗到底。民間不成文的肖虎帶煞，肖羊命苦。龍鳳呈祥，十二生肖無鳳，找雞瓜代。先賢張楠說：「四柱俱全，尚不可得。」哪輪得到生肖解釋命運？

問命問用神。八字喜火，虎羊就是用神，何懼之有？若忌金水，龍鳳也避之惟恐不及。龍是水庫，雞是金刃。

今天立秋，申月金祿，水星初生，送走最熱大暑。春木秋金對峙，寅申六冲。寅月餘寒，申月餘暑。春龍秋虎。

朋友有個情敵，提起那女人恨得牙癢癢。一次說她肖虎，今年會出事。

江湖論命口訣「返吟伏吟哭淋淋」。

返吟，日柱、歲運，天尅地冲。原命壬寅日遇丙申年、丙申運，丙申日遇壬寅年、壬寅運，壬丙冲、寅申冲。歲運丙申壬寅，冤家路窄。流年丙申、大運壬寅，大運丙申、流年壬寅。

伏吟，歲運壓日。日柱、歲運同干支。原命丙申日遇丙申年、丙申運。歲運丙申重逢。流年丙申、大運丙申。六十干支類推。

返吟伏吟，豈止日柱、歲運相逢？年、月、時柱，損益增減，無所不在。不問青紅皂白，一律哭淋淋？農民曆裁頭截腳猴遇猴（伏吟）、虎遇猴（返吟），涕泣淋淋，更扯。

生肖易知，大做文章。

取用四法，病藥、扶抑、調候、通關。

個人以為通關只是看法，病藥不切實際，言之成理而又實用是扶抑和調候。扶抑調候同行，一行二用無疑義，扶抑調候矛盾，何來兩個用神？抱虎而眠。吳老師重扶抑：「調候之神，並非用神。」莫非他眼中，調候也是看法？

非也。兩說矛盾當以調候為重。官殺尅身，官殺生印，扶抑翻雲覆雨。以果求因，對號入座，不足信也。

滴天髓說：「天道有寒暖，發育萬物，人道得之，不可過也。地道有燥溼，生成品彙，人道得之，不可偏也。」「過於溼者，滯而無成，過於燥者，烈而有禍。水有金生，遇寒土而愈溼，火有木生，遇暖土而益燥，皆偏枯也。」

病藥為先賢張楠的學說。雕、枯、旺、弱四病，損、益、生、長四藥。陳素庵先生：「張神峯病藥其法甚善，然方取病傷，即求醫藥，既用醫藥，仍歸中和，非舍正理而尚僻耶！至云八字純然，不旺不弱，財官無損，日主中和，斷為常人之命則尤偏矣！人命純粹中和，安有不富不貴？何必過拘病藥之說乎？」徐樂吾先生借用二字，直指有病用藥。

通關之法始於滴天髓，先賢任鐵樵：「通關者，引通尅制之神也。」

今天白露，仲秋金氣盛極。金命月刃格，一說食傷財星（水木）洩旺。

五行水生木。金水、木火，兩兩同心，所向披靡。一喜一用，依之為命。水火為用，金木為喜。不能結成勢力，空有生我之義。取水木為用，非一個鼻孔出氣，諸多牽制，不如木火來得痛快，身強喜財官也！

戌月寒露霜降，火庫，秋虎強弩之末。

今天冬至，狗年之始，太歲戊戌，燥土坐火庫。

八字用火，流年喜力三分。原命、大運寅、卯、午，合火，戌，火庫重逢，癸水，戊癸化火。

火星五根，寅戌喜忌，力居三、四。五根最力午未，真神之說。不喜木火，午未忌力最雄。

水星五根同。

亥藏壬甲戊，巳藏丙庚戊，壬丙冲，甲庚冲，溼戊冲燥戊。

今天立冬，壬癸建祿，亥月小陽春。

舊說亥藏壬甲。溼土附水而生，亥藏壬甲戊。巳火藏三干，亥水藏三干，六冲不相上下。

水土，子刃最力，火土，午刃最力。正南方火，正北方水，互不相讓。

今天大雪，冬水帝旺，寒氣盛極，以刃名之。子月丑月，水冷金寒土凝，火氣全無。

八字喜水，月令子刃，一夫當關，所向披靡，此真神也。

舊說壬子日刃，子中獨藏癸水。溼土附水而生，戊子日刃，子中藏干癸己。午火藏丁己，子水藏癸己，六冲旗鼓相當，誓不兩立。

今天小寒，凍極，更勝子月。

常見八字一個用神，丑，一生食祿際遇，眾人之上。一將當關，羣邪自伏。

八字喜木火，只見一未，不違多讓。丑未六冲，無分軒輊。

水星五根，申、亥、子、丑、辰。

火星五根，寅、巳、午、未、戌。若畫圓形圖表，六冲一目了然。

申亥子丑辰藏水，溼木、溼土、溼金。

寅巳午未戌藏火，燥木、燥土、燥金。

申藏庚壬戊，溼金溼土。亥、子、丑、辰類推。

寅藏甲丙戊，燥木燥土。巳、午、未、戌類推。十一篇　地支藏天干。

凍水不生木，溼木不生火，燥土不生金，燥金不生水。

燥木尅溼土，燥金尅溼木，溼木尅燥土，溼金尅燥木。燥土尅水，溼土生金又生水。燥土與木，溼土與金，何者力勝？燥土與火同根生，其力勝木，溼土與水同根生，其力勝金。

天干五行不必單獨論其燥溼，見地支方顯其心。土金木因地支燥溼，是喜忌順逆的原則之一。

四十六　搬三弄四　十六篇

月令是命格、小兒運、父母宮。月令真神得用，命格高，受父母之福。

八字不怕月令忌神。誰不疼兒女？就算家貧，做牛做馬也養大孩子，日支不喜可慘，情緣遇合。

當然有父母、配偶都喜、都忌的八字，非二分法。

世間男女過了適婚之齡沒動靜，多半日支作祟。原於命，一生情緣多波。忌運反制用神，時過境遷，喜上眉梢。

日支喜用，戀愛之時自然出現對象，不費吹灰之力，覓得良緣，水到渠成。日支坐忌，期待好運反制。命、運交錯，千變萬化，自求多福。

夫妻不睦，惡言冷語，旁人指指點點夠嗆，現代女性自力更生，誰的臉色也不用看。夫宮坐忌，不婚不友，老天厚愛，以前哪行？今人樂子多，誰鑽牛角尖呢？

過了求偶之齡，機會不比年輕。日支喜用問姻緣，強過日支坐忌。

午未、子丑用神，寅戌、申辰充其量喜神。子丑、午未月令為忌可也夠瞧，髫齡又窮又笨，要嘛念書名列前茅，不免家貧。

命學草創，立了很多法則論六親，不一其說，多數荒誕不經，一望而知，不足信也。術家熱衷此道，奉為金科玉律，言之鑿鑿，樂此不疲。

先賢陳素庵說：「世俗相傳父命凶能剋子，子命凶能剋父，妻命凶能剋夫，夫命凶能剋妻，遂至有骨肉相怨憎者，此說殊誤。」又說：「舊取正印生我為母，偏財剋正印為父，我剋之財為妻，財所生官殺為子，命家奉為定法，悖戾多端。偏財固正印之配，然財乃我剋，安能生我？財為妻妾，又可為父，翁與婦共矣！夫有制妻之道，子無制父之理，偏財係我所剋，是為以子制父。官殺剋我，豈為我子？為人子制父，為人父又制於子，可謂聚逆矣！輾轉推之，三黨男女（父母妻），錯綜複雜，悖戾者若是也！」原文九悖戾。又說：「月尊於日，兄弟安能出之，柱無兄弟位，猶干之無妻位，豈可強乎？」先賢主張年為祖上，月為父母，日支為妻，時支子息，而異口同聲以比劫看兄弟。

徐子平先生：「比劫重疊損嚴親。」江湖旺財剋父。財與身對立，兩氣不均，

清貧度日。財星論父，荒唐。

吳老師說：「六親看法，古賢所言至為繁複，出入又大，後學者除了繼續研究細辨，斷不可杜撰臆測，強不知以為知！」徐樂吾先生也說：「父母、妻、子、兄弟，均由本身推測，看法亦無一定。命造僅八字，範圍狹小，詎能包羅萬象，故有顯而易見者，有隱而難測者，非皆可推算也。」六親人各有命，間接猜測，說得活龍活現，可嘆。要論六親，不必強以一人廣推，從其本人八字著手，較簡當也！

先賢劉伯溫說：「女命不必專執官星論夫，傷食論子。」斷然改以用神看夫，較之固定以官殺看夫者，實勝一籌，這是命學由局部進展為全面的成就紀錄。任鐵樵先生主張用神看夫，喜神看子。

幼少父母福澤，盛年情財，老運問健康、衣食、兒孫。

四言獨步說：「傷官見官，為禍百端。」一次，同事隨口念出這詞兒，可見影響力。

古人論造，專重財官，正官被尅還得了。尤其女命，犯了傷官尅官，被批得不堪。既然被尅，大不了不用，另取。傷官見官，尅洩交加，身弱以印為用，化官生身制食傷，一舉三得，何來為禍百端？

聽到一句「他官殺混雜喲」，言下之意，這個命爛透了。和我以前一樣，人云亦云，三腳貓功夫。

人命不喜官殺混雜，若是女命，說得更難聽。

徐樂吾先生：「官殺可混，同流同止，不可混，各立門庭。」正官七殺並見，印星化殺，食傷尅合去留轉清，不足懼也（五陽食神合官，五陰傷官合殺。）何況身強巴不得殺助官勢。江湖術士沒什麼可說說這個？

年月時三干與月支，官殺重出論混雜，年支、日支、時支不取。年月時三干與月支，官傷並見，傷官尅官，年、日、時三支不取。官殺真混、非混、似混，情理多端。開口閉口官殺混雜，傷官尅官，豈不可笑。

月令合天干，年支、日支、時支頂多搭順風車。取四正月，子午卯酉。子中癸水合戊，子中己土合甲（一溼），午中丁火合壬，午中己土合甲（一燥），卯中乙木合庚，酉中辛金合丙。餘八支駁雜。癸水己土（溼土）一原同出，丁火己土（燥土）一原同出，非但一母所生，還是双胞胎，與卯酉同。

秋日蕭索，冬日更形肅殺，少陰與太陰也。

八字喜潤澤，可以不見金氣，不能不見水氣，少陰與太陰力有輕重，原命高下立判。八字喜陽暖，不見木氣可行，不見火氣可慘。

算命的說月蓮「老來地下藏金」。

地下藏金指申酉丑。天干高透，地支暗藏。說得像挖到金礦，取之不盡，用之不竭似的。金氣少陰，充其量喜神，配角一個，拿什麼跟水氣比。她六十多歲運轉北方，二十年庚子辛丑，喜用天透地藏，老運確實不錯。

分明北方水，跟地下藏金扯什麼？

地支木氣，寅卯未。金木五根，巳戌、亥辰，燥金溼木，助長他人氣勢。

三四十年前一個婆娘「某某厲害吧，說我舅舅土埋真金。」

淵海子平〈五行生尅制化各有所喜所忌〉「金賴土生，土多金埋。」這是母盛子衰。土生金，土為母，金為子。另四行類推。江湖一句「土埋真金」，說得跟真的一樣。

五行的金行指肅殺之氣。秋月金勝，草木黃落。鬼扯成黃金，問客心花怒放。

六十干支，六十納音，五行各得十二納音，分配於十二生肖。木豬、火豬、土豬、金豬、水豬各一。另十一生肖同。噱頭十足「金豬呀六十年一次」，另外四隻哪隻不是六十年一次？每十二年喊一次金豬，哪那麼多金豬？金豬只是五金，還當真鈔票黃金？

朋友軍職退休，精於易經和姓名學。「改名要八歲前，八歲以後效果不彰。」坊間姓名學專家，動輒叫人改名，五千一萬，說得像萬靈丹。

有個女人，前夫是個癟三，離婚後一心想嫁有錢體貼的男人，名字改了兩回，一顆六千多塊的發財章隨身帶著，跟幾個爛蛋窮攪和好多年。異想天開，有錢的男人不挑妙齡少女，要半老徐娘？不如好好帶大兩個兒子來得實在。

改命改運有用嗎？徐樂吾先生：「命可以造，命不足為憑。」寄望順心如意，除了老天爺手下留情，也要自立自強。錢會從天上掉下來？

挑日子剖腹，命一定好？算命的一下「過刀關，打八折。」一下「有這個命，就挑得到好日子。」運呢？這次「以後有好運，現在死不了。」下次「這個壞運呀就算到了最後一天，還要作怪呢！」好運有恃無恐？厄運鐵面無私？想到什麼說什麼，截然不同也得斬釘截鐵，通天似的。

吳老師說：「人命寄生在錯綜複雜的時空現象之中，既生存又發展，既受限又推遷，是極其微妙的關係。」

世事一體兩面，不是算術一加一等於二。戰爭是共業，再好的命也豬羊變色，還是有人沒吃苦頭？飛機失事，幾百人都該命絕？這個世界沒有神仙，哪有答案？

小朱三十多歲洗腎，丟了銀行工作，房子法拍，無語問蒼天。「這個人不該生病的呀！」病了就是病了，還當真無所不知？

生來畸形，不數日亡，一看八字，分明從化，鳳毛麟角，偏偏說得一文不值。以果求因，指黑為白，屢見不鮮。一起出生的嬰兒，四肢健全，不也正常長大。都畸形了還用算呀？

朋友離了婚，前夫娶了大陸小姐。「他哥哥三婚，他呢？」她前夫和兄弟双胞胎。

一個三婚，一個二婚。一對互動改善，一對跟著相安無事。

兄弟倆最後一任都是悍妻。哥哥頭幾年經常和太太大打出手，女方不怕拿刀相砍。弟弟想得可美，盤算離婚吃回頭草，跟朋友哭哭啼啼，口口聲聲她是此生所遇最好的女人，也是他虧欠最多的人，希望有機會補償。

後悔吃乾抹淨的不夠？當初一心和新歡双宿双飛，逼她簽字那副窮凶惡極的嘴臉，就他聰明別人笨。兩對後來都風平浪靜過日子。只有悍妻才制得了惡男人。

年輕人常問：「生幾個小孩？會不會出國？」他們哪知道呀，胡謅一通，還怕

你砸攤?這個世界以為算命的就該是神仙，算命的也就裝成神仙的樣子。「你結三次婚。你結兩次。會呀會呀，會和前夫破鏡重圓。」

運氣不好，照子不放亮，豈止昏頭兩三次。小心保守，少受點罪。運氣好，遇見好對象，誰說這個人一定是前夫?

餐飲班認識素婷，光鮮亮麗。有錢，夫妻感情好，兩個女兒乖巧懂事。一次閒聊：「以前算命，兩件事沒應驗，一沒兒子，二沒綠卡。」

果真人人豔羨，不能讚嘆一聲，全無下文。問命不就問「夫財子祿壽」，通通送你，再加一張綠卡。

情、財、健康，不知春風得意，老天送來幾個?顛倒不遇，給你三難?兩難?一難?覬覦厚禮，努力不懈，迴避噩運，步步為營。人生峰迴路轉，自助天助，君子自強不息。

多年前算個和尚，沒有驚人之語，大概他覺得無聊。這個胖子以為當了法師，無與倫比？同事命造平淡無奇，說他學佛，超越侷限。回顧半生，哪個中年人不是超越侷限？就學佛與眾不同？

民間津津樂道乞丐和乾隆爺，兩人八字一模一樣，只因一個生在南方，成了叫花子。胡扯，稗官野史樂於誇張命運的神祕，就像學佛、出家被誇大一樣。天下沒有命中注定這回事，聖嚴法師是和尚，和他一起出生的都是和尚？

上命者少。多數八字貌不驚人，嘖嘖稱奇，大半信口雌黃。古書命造濫收，康熙皇帝三個八字（三個時辰），可見勉強借湊。

友人女兒綺年玉貌，風情萬種，追求者眾如過江之鯽，偏偏八字不見桃花，為娘的不服氣：「她這麼漂亮，怎麼一朵桃花都沒有？」可見桃花和美貌，不能畫上等號。四柱全陰，四柱全陽，無緣桃花。

命書立法則論人事，扯蛋居多。徐樂吾先生：「身強主見強」。生而為人，還有主見不強的？庚金剛，丙火烈，兩種日主，非政即商。從商從政，呼風喚雨，命主多為丙火、庚金。王永慶之名如雷貫耳，怎麼癸水命？都是想當然，閉門造車，

言多必失，還自鳴得意。

西洋星座熱衷性格分析，搞錯生日神準，改天糾正怪哉也神準。人不就大同小異，可得說得活龍活現，煞有其事，否則誰上鉤呢？

紫微斗數「命宮破軍，不孝父母。」七情六欲，與生俱來，哪個年輕人不是只顧自己，何曾想到爸媽。中年繁花落盡，始知孝順二字。

拜科技之賜，現代人好歹長壽，才有機會受兒女之福。

孝順不過人之常情，於命何干？

「易經六十四卦還可細分。」時辰也再分？二十四分一換。二十四分再分、再分、再分，就像數學無限小。既有無限小，就有無限大。基於五行變易，時光無時無刻不是喜忌交戰，禍福相倚。

大運好壞，二十年一換。偶而三十年與十年交替。有個女人：「運不好，我和先生不也買了第二棟房子？」

註冊繳錢，只要不離譜，哪個學生不能畢業？公務員劣運除名滾蛋，喜運回鍋上班？運差事事落空，運好萬無一失，不合情理。

地球橢圓，黑夜白晝（金水木火），此消彼長。大運、流年、流月、流日、流時，無時無刻不是水火交戰，禍福相倚。機遇磨人，誰知低空飛過還是鼻青臉腫？希望喜神贏忌神輸，原命大運流年喜用一箭定江山，如不如願，自助天助。

喜忌互換，無人例外。一生蹇滯不通，自作孽不可活。人之常情，大概當然。

命例一

劫財　戊午　偏印
劫財　戊午　偏印
命主　己丑　比肩
正印　丙寅　正官

己土生午月，火旺土相，月刃為格。火土四透，寅午復合，日支洩旺。五行喜金水，忌木火。

本造燥土月刃。身強喜財。

命例二

食神　乙亥　劫財
傷官　甲申　正印
命主　癸亥　劫財
食神　乙卯　食神

癸水生申月，金旺水相，正印為格。水木四透，通根年日，火星絕跡，時支重合。五行喜木火，忌金水。

本造女命。身強喜財。木星得勢得地，十銀不如一金。南方火土，遲遲不來。

命例三

七殺　癸丑　食神
正官　壬戌　傷官
命主　丁丑　食神
偏財　辛亥　正官

丁火生戌月。官殺競透，冲合日干，亥丑拱子，復三會水。五行喜木火，忌金水。

本造月令喜神。晚歲丙辰，財官制劫，辰戌相冲，假從水格。

命例四

偏財　甲子　傷官
偏印　戊辰　偏印

命主　庚辰　偏印
偏印　戊寅　偏財

四柱全陽，心直口快。庚金生辰月。土金三透，甲庚暗冲，水局重見，火星初生。五行喜木火，忌金水。丁卯丙寅，春風得意。運轉北方，一波三折。

本造女命。身強喜財官。

命例五

劫財　丁巳　比肩
比肩　丙午　劫財
命主　丙子　正官
劫財　丁酉　正財

丙火生午月，火旺土相，月刃為格。丙丁四透，祿刃交集，子午六冲。五行喜金水，忌木火。

本造氣偏南方。辛丑庚子，否極泰來。

命例六

偏印　戊申　比肩

正印　己未　正印

命主　庚午　正官

劫財　辛巳　七殺

庚金生未月，火土兩旺。土金四透，三會南方，水星初生。五行喜金水，忌木火。

命例七

劫財　己未　劫財

比肩　戊辰　比肩

命主　戊辰　比肩

食神　庚申　食神

戊土生辰月。土金三透，水局重見，己未扶身。五行喜木火，忌金水。

命例八

傷官　壬寅　正財
比肩　辛丑　偏印
命主　辛丑　偏印
劫財　庚寅　正財

辛金生丑月，水土兩旺。金水四透，通根二丑，火星初生。五行喜木火，忌金水。

本造身強喜財官。火星不透，二寅取暖。丙午丁未，大放異彩。生冬至後，年柱壬寅，陽男，大運順行。

命例九

偏印　丁未　比肩
正官　甲辰　劫財
命主　己酉　食神
劫財　戊辰　劫財

己土生辰月。劫財高透，甲己溼土，辰酉復合，年柱丁未。五行喜木火，忌金水。

本造官印双清。運喜東南，甲己燥土。

命例一〇

劫財　甲寅　劫財

正官　庚午　食神

命主　乙卯　比肩

傷官　丙子　偏印

乙木生午月，火旺土相，食神為格。官傷双透，庚金甲乙，燥木化土，寅午合火，時支水刃。五行喜金水，忌木火。

本造甲己燥土。木火食神喜印。壬申癸酉，乙庚化金。寅午合，解子午暗冲。

命例一一

七殺　甲子　正財

偏印　丙寅　七殺
命主　戊寅　七殺
劫財　己未　劫財

戊土生寅月，木旺火相，七殺為格。劫印双透，甲己燥土，二寅一未，年支水刃。五行喜金水，忌木火。晚歲西方，天干壬癸，老當益壯。

本造五陽劫財合殺，身強喜財。

命例一二

劫財　己巳　偏印
正官　乙丑　劫財
命主　戊戌　比肩
傷官　辛酉　傷官

戊土生丑月，水土兩旺。官傷双透，乙辛暗冲，年祿合金，日支火庫。五行喜木火，忌金水。

本造土金傷官，身弱喜印。晚歲南方，己未戊午，火土双清。生冬至後，年柱己巳，陰男，大運逆行。

命例一三

偏財　壬戌　比肩
正印　丁未　劫財
命主　戊申　食神
正官　乙卯　正官

戊土生未月，火土兩旺。官印双透，丁壬化木，時支復合，水星初生。五行喜金水，忌木火。

本造未月化木。火土並旺，身強喜財。六十年金水，四十年喜用天覆地載，丁壬並留。命好不如運好，此造也。

命例一四

傷官　壬辰　正印
七殺　丁未　偏印

命主　辛丑　偏印
正財　甲午　七殺

辛金生未月，火土兩旺。財殺双透，丁壬化木，時令冲合，年支水庫。五行喜金水，忌木火。

本造未月午時。身弱喜印（溼土）。行運與十三例同，大運月柱而出。

命例一五

七殺　戊戌　七殺
偏印　庚申　偏印
命主　壬午　正財
劫財　癸卯　傷官

壬水生申月，金旺水相，偏印為格。劫殺双透，戊癸化火，年支重合，庚金坐祿。五行喜金水，忌木火。

本造申月餘暑。月令喜神。五陽劫財合殺，運喜助身。

命例一六

劫財　丁丑　傷官

正官　癸卯　正印

命主　丙戌　食神

食神　戊戌　食神

丙火生卯月，木旺火相，正印為格。火土三透，癸水冲合，卯戌復見，年支洩旺。五行喜金水，忌木火。

本造正官通根，兩遇火土，不得不去。辛丑庚子，戊癸不化，平步青雲。

命例一七

正印　乙丑　傷官

正官　癸未　傷官

命主　丙子　正官

正印　乙未　傷官

丙生未月未時。乙木双透，丑未復冲，癸水通根子刃。五行喜金水，忌木火。

本造火土傷官，身強喜財官。火土食傷生冬、夏，取用涇渭分明。

命例一八

正財　辛丑　傷官

偏印　甲午　劫財

命主　丙申　偏財

七殺　壬辰　食神

丙火生午月，火旺土相，月刃為格。財殺双透，冲合日干，年支寒土，申辰拱水，甲己丁壬，月令真神。五行喜木火，忌金水。

本造金水，得勢得地，月刃轉弱，以格為用，此真神也。五陽劫財合殺，運喜助身。

命例一九

七殺　甲寅　七殺

食神　庚午　正印

命主　戊申　食神
七殺　甲寅　七殺
　四柱全陽。戊土生午月，火旺土相，月刃為格。殺星双透，二甲燥土，金木冲局四見，寅午重合。五行喜金水，忌木火。
　本造燥土月刃。二殺合劫，身強喜財。

命例二〇
七殺　丙戌　偏印
正官　丁酉　劫財
命主　庚申　比肩
食神　壬午　正官
　庚金生酉月，金旺水相，月刃為格。官殺並透，冲合壬水，丙辛不化，午戌明目張膽，日支申祿。五行喜金水，忌木火。
　本造殺刃合，運喜助身。少運北方，三十年丙辛化水，丁壬去一留一。

命例二一

正官　丙戌　正印
七殺　丁酉　比肩
命主　辛酉　比肩
偏財　乙未　偏印

辛金生酉月，金旺水相。丙丁双透，通根年時，三辛兩遇財官，四柱水絕，格取從殺。五行喜木火，忌金水。

本造滴水全無，財官沖合三辛，有恃無恐。乙木二酉，不能言從，端賴一丙當關，真從火格。庚子辛丑，丙辛化水，變真為假。

命例二二

偏財　丁巳　正財
劫財　壬子　比肩
命主　癸卯　食神
七殺　己未　七殺

癸水生子月，水旺木相，月刃為格。財殺双透，尅合壬癸，逢午三會南方，子水冲丁，月令真神。五行喜金水，忌木火。

本造子月未時。四干冲尅合，以格為用，此真神也。一財三水，棋逢敵手。

命例二二三

偏印　壬寅　比肩

食神　丙午　傷官

命主　甲辰　偏財

食神　丙寅　比肩

四柱全陽。甲木生午月，火旺土相，傷官為格。丙火双透，食印復冲，甲己丁壬作化，寅午重合，日支水庫。五行喜金水，忌木火。

本造二水，去一留一。大運庚戌，復三合火，解辰戌冲，從化不成。類推。

命例二二四

七殺　甲申　食神

偏印　丙寅　七殺
命主　戊申　食神
正印　丁巳　偏印

戊土生寅月，木旺火相，七殺為格。丙丁双透，歸祿時支，二申冲合四見，面有菜色。五行喜金水，忌木火。

命例二五

食神　己亥　正官
劫財　丙寅　正印
命主　丁丑　食神
劫財　丙午　比肩

丁火生寅月，木旺火相，正印為格。丙丁三透，時歸午刃，寅木復合，日支洩旺。五行喜金水，忌木火。

本造春月餘寒。丙丁得勢得地，燠熱難當。歲運官殺，更勝西方財運。

命例二六

七殺　甲子　正財
偏印　丙子　正財
命主　戊子　正財
正印　丁巳　偏印

戊土生子月，水旺木相，月刃為格。殺印併透，甲己疊逢，三子合日冲丁，時支火祿。五行喜木火，忌金水。

本造溼土月刃。子中癸己，三顧茅廬，木火土作用全失，丙丁去一留一。三劫合殺，身弱喜印。晚歲南方，三子冲午，巳午會火解冲。

命例二七

偏財　癸酉　食神
偏財　癸丑　比肩
命主　己丑　比肩
正官　甲戌　劫財

己土生丑月，水土兩旺。二癸競出，甲己溼土，金局重見，時支火庫。五行喜木火，忌金水。

本造二財通根二丑，身弱喜印。晚歲正南方火，天覆地載，甲己燥土，一吐烏氣。生冬至後，年柱癸酉，陰男，大運逆行。

命例二八

比肩　戊戌　比肩

劫財　己未　劫財

命主　戊辰　比肩

正財　癸丑　劫財

戊土生未月，火土兩旺。土星三透，戊癸不化，辰戌丑未暗冲，日時二水，妻子双美。五行喜金水，忌木火。

本造四庫，勢力均停，兩神並留。財星就我，親切有情。不喜歲運東南，二土爭合，化火。

命例二九

正官　癸巳　比肩
食神　戊午　劫財
命主　丙午　劫財
七殺　壬辰　食神

丙火生午月，火旺土相，月刃為格。官殺双透，六遇冲合，巳午重會，時支歸庫。五行喜金水，忌木火。

本造丙火灼陽。二劫合殺，刃旺身強。正北方水，天覆地載，戊癸不化。

命例三〇

劫財　庚戌　正印
正印　戊子　食神
命主　辛未　偏印
正官　丙申　劫財

辛金生子月，水旺木相，食神為格。土金三透，丙辛戊癸，官印受制，申祿合食，年日火星暗藏。五行喜木火，忌金水。

本造金水食神，得火二用。歲運東南，丙辛不化，去一留一。

命例三一

偏印　壬辰　偏財
傷官　丁未　正財
命主　甲子　正印
正財　己巳　食神

甲木生未月，火土兩旺。財印双透，甲己丁壬，時支火祿，子辰隔土。五行喜金水，忌木火。

本造木火傷官，身弱喜印。六十年金水，四十年喜用天覆地載，丁壬不化，甲己溼土，子辰合水。

命例三二

劫財　丁丑　傷官

正財　辛亥　七殺
命主　丙午　劫財
正財　辛卯　正印

丙火生亥月，水旺木相，七殺為格。正財双透，二辛制丙，亥丑拱子，三會北方，丁火瑟縮，日支午刃。五行喜木火，忌金水。

本造財官並旺。正南方火，天覆地載，丙辛不化，去一留一。

命例三三

七殺　戊寅　食神
偏印　庚申　偏印
命主　壬辰　七殺
比肩　壬寅　食神

四柱全陽。壬水生申月，金旺水相，偏印為格。金水三透，時令冲合疊見，二寅一申，面無難色。五行喜木火，忌金水。

命例三四

正印　壬寅　劫財
七殺　辛亥　正印
命主　乙未　偏財
傷官　丙子　偏印

乙木生亥月，水旺木相，正印為格。殺印並透，傷官化水，乙辛壬丙双冲，時令合局疊見。五行喜木火，忌金水。晚歲南方，三十年火土天覆地載，丙辛不化，去一留一。

命例三五

食神　丁卯　比肩
正財　戊申　正官
命主　乙未　偏財
正印　壬午　食神

乙木生申月，金旺水相，正官為格。火土双透，丁壬眉目傳情，日支重合，水星初生，月令喜神。五行喜金水，忌木火。

命例三六

正財　辛未　傷官
偏印　甲午　劫財
命主　丙申　偏財
食神　戊戌　食神

丙火生午月，火旺土相，月刃為格。食印双透，丙辛不化，甲己燥土，午刃重合，日支申祿。五行喜金水，忌木火。中運北方，己丑戊子，水土双清。

命例三七

偏印　丁亥　正財
傷官　庚戌　劫財
命主　己巳　正印
傷官　庚午　偏印

己土生戌月。火土双透，二傷兩見燥金，午刃復合，巳亥暗冲。五行喜金水，忌木火。

先總統蔣公命造。坊間命書兩種取斷，一調候喜金水，二扶抑喜木火。本造身強，方局並見，秋虎不怒而威，得水二用。年支一水，不合不去。歲運寅卯未，天干壬癸，丁印制化，格局丕變。二庚透天，假從火格。

水祿合木，火祿合金，四支力異。樂不思蜀，欲去還留，斷定從化與否。

命例三八

正財　乙丑　正印

傷官　癸未　正印

命主　庚子　傷官

偏印　戊寅　偏財

庚金生未月，火土兩旺。財印双透，乙庚戊癸，丑未六冲，時支寅祿，日支水刃。五行喜金水，忌木火。晚歲北方，乙木化金，水土去印留傷，子丑重逢。

命例三九

正財　乙卯　正財
七殺　丙子　傷官
命主　庚寅　偏財
七殺　丙子　傷官

　庚金生子月，水旺木相，傷官為格。財殺三透，乙庚化金，二丙兩坐水刃，火星初生。五行喜木火，忌金水。

　本造女命。子月子時，金水傷官，身強喜財官。寅中木火，有根不拔，七殺一線生機。生冬至後，年柱乙卯，陰女，大運順行。

命例四〇

正財　乙丑　正印
正官　丁丑　正印
命主　庚寅　偏財
食神　壬午　正官

庚金生丑月，水土兩旺。財官並透，乙庚丁壬對峙，寒土重見，寅午合火，妻子双美。五行喜木火，忌金水。

本造金水食神，身強喜財官。午時陽和之氣。生冬至後，年柱乙丑，陰男，大運逆行。

命例四一

正官　辛卯　劫財

偏財　戊子　正印

命主　甲辰　偏財

偏印　壬申　七殺

甲木生子月，水旺木相，正印為格。官印双透，癸水制財，甲己溼土，申子辰合，火星絕跡，年支木刃。五行喜木火，忌金水。

本造女命。癸水力旺，戊土婦唱夫隨。氣偏西北，卯木破格，從化不成。晚歲南方，甲午乙未，木秀火明，得償夙願。生冬至後，年柱辛卯，陰女，大運順行。

命例四二

正印　乙未　傷官

比肩　丙子　正官

命主　丙辰　食神

七殺　壬辰　食神

丙火生子月，水旺木相，正官為格。水火三透，壬丙復沖，子辰重合，年支未土。五行喜木火，忌金水。

本造女命。官殺並見，得火二用。生冬至後，年柱乙未，陰女，大運順行。

命例四三

比肩　癸未　七殺

比肩　癸丑　七殺

命主　癸未　七殺

比肩　癸亥　劫財

四柱全陰。癸水生丑月，水土兩旺。凍水四透，通根月時，二未一丑，游刃有餘。五行喜木火，忌金水。丁未丙午，老當益壯，富貴堪誇。

本造生冬至後，年柱癸未，陰男，大運逆行。

命例四四

比肩　庚辰　偏印

正官　丁丑　正印

命主　庚戌　偏印

正財　乙酉　劫財

庚金生丑月，水土兩旺。財官双透，二庚爭乙，丁火通根日支，辰戌暗冲，酉刃復合。五行喜木火，忌金水。

本造女命。丑月化金。辰酉眉來眼去，遠水不救近火。癸酉壬申，食傷制合正官，水局解辰戌冲，從化擦身而過。生冬至後，年柱庚辰，陽女，大運逆行。

命例四五

食神　辛卯　七殺

劫財　戊子　偏財
命主　己亥　正財
食神　辛未　比肩

己土生子月，水旺木相，月刃為格。土金四透，戊癸同床異夢，日支復合。五行喜木火，忌金水。

本造女命。溼土月刃。身弱喜印。戊土受制癸水，作用全失。歲運東南，井水不犯河水。生冬至後，年柱辛卯，陰女，大運順行。

命例四六

七殺　丁亥　傷官
比肩　辛丑　偏印
命主　辛亥　傷官
比肩　辛卯　偏財

四柱陰盛。辛金生丑月，水土兩旺。金星併透，丁火無根，亥丑夾拱二子，復三會水。五行喜木火，忌金水。乙未甲午，補償半生顛倒。

本造金水食傷，身強喜財官。生冬至後，年柱丁亥，陰男，大運逆行。

命例四七

比肩　己丑　比肩
七殺　乙丑　比肩
命主　己酉　食神
正印　丙寅　正官

己土生丑月，水土兩旺。溼土双透，金局重見，時柱丙寅。五行喜木火，忌金水。

本造土金食神，得火二用。晚歲南方，己未戊午，否極泰來。生冬至後，年柱己丑，陰男，大運逆行。

命例四八

偏財　壬辰　比肩
食神　庚子　正財

命主　戊申　食神
正印　丁巳　偏印

戊土生子月，水旺木相，月刃為格。財星高照，丁壬不化，火土臣服癸水，日支重合。五行喜木火，忌金水。

本造女命。溼土月刃，財多身弱。時柱見異思遷，乙未甲午，雨過天青。生冬至後，年柱壬辰，陽女，大運逆行。

命例四九

偏財　甲申　比肩
正財　乙丑　正印
命主　庚午　正官
正印　己卯　正財

庚金生丑月，水土兩旺。財星双透，乙庚化金，甲木冲合，年支申祿，日支午刃。五行喜木火，忌金水。

本造身強喜財官。丙寅丁卯，木火春風，甲己燥土，乙庚不化。生冬至後，年柱甲申，陽男，大運順行。

命例五〇

比肩　己巳　正印

七殺　乙丑　比肩

命主　己卯　七殺

七殺　乙亥　正財

四柱全陰。己土生丑月，水土兩旺。殺星競透，二土通根月時，合局兩見，金木對峙。五行喜木火，忌金水。己未戊午，一掃烏氣。

本造巳亥解冲，合局釜底抽薪。生冬至後，年柱己巳，陰男，大運逆行。

命例五一

正印　甲戌　傷官

正印　甲子　七殺

命主　丁卯　偏印

偏印　乙巳　劫財

丁火生子月，水旺木相，七殺為格。木星三透，祿庫重逢，卯戌暗通款曲，二甲溼土，癸水冲丁，月令真神。五行喜金水，忌木火。

本造以格為用，此真神也。生冬至後，年柱甲戌，陽男，大運順行。

命例五二

比肩　己卯　七殺

七殺　乙丑　比肩

命主　己未　比肩

偏財　癸酉　食神

四柱全陰。己土生丑月，水土兩旺。財殺並透，丑未卯酉，冲合不定。五行喜木火，忌金水。己未戊午，補償半生困頓。

本造水木尅洩交加，身弱喜印，得火二用。生冬至後，年柱己卯，陰男，大運逆行。

命例五三

比肩　丁丑　食神
正財　庚子　七殺
命主　丁亥　正官
正財　庚子　七殺

丁火生子月，水旺木相。財星双透，二子二丁，復三會水，格取從殺。五行喜金水，忌木火。

本造三見子丑，真神之最。四癸丁（二丁虛懸），假從水格。生冬至後，年柱丁丑，陰男，大運逆行。

天干金木，等同閒神，置之不理，可論假從。水火不然，不去不能言從。

命例五四

七殺　己未　七殺
食神　乙丑　七殺
命主　癸亥　劫財

正財　丙辰　正官

癸水生丑月，水土兩旺。財殺双透，食神兩見溼木，亥丑拱子，三會北方，年支逢沖。五行喜木火，忌金水。

本造女命。身強喜財。生冬至後，年柱己未，陰女，大運順行。

命例五五

食神　癸未　偏印

正官　丙辰　正印

命主　辛亥　傷官

正印　戊子　食神

辛金生辰月。火土双透，丙辛戊癸，官印受制，子刃復合，年支爍石流金。五行喜木火，忌金水。

命例五六

正財　己丑　正財

食神　丙寅　比肩
命主　甲戌　偏財
比肩　甲戌　偏財

甲木生寅月，木旺火相，建祿為格。丙火高透，二甲燥土，寅戌復見，年支洩旺。五行喜金水，忌木火。

本造木火食神，身弱喜印。歲運西北，二甲溼土。

命例五七

比肩　庚申　比肩
七殺　丙戌　偏印
命主　庚子　傷官
正財　乙酉　劫財

庚金生戌月。財星高照，乙庚化金，申子合水，丙殺坐庫，月令喜神。五行喜木火，忌金水。

命例五八

正官　壬子　七殺
偏印　乙巳　劫財
命主　丁未　食神
七殺　癸卯　偏印

丁火生巳月，火旺土相，建祿為格。木火双透，二水一丁，官殺花容失色，巳未拱午，三會南方，年支子刃。五行喜金水，忌木火。盛年西北，癸水通根，殺助官勢，峰迴路轉。

命例五九

正印　戊寅　正財
七殺　丁巳　正官
命主　辛酉　比肩
正印　戊戌　正印

辛金生巳月，火旺土相，七殺為格。火土三透，寅戌拱合，四柱水絕，酉刃幫身。五行喜金水，忌木火。

本造非四正月，不論官殺重見。

命例六〇

正財	乙酉	劫財
比肩	庚辰	偏印
命主	庚申	比肩
偏印	戊寅	偏財

庚金生辰月。土金三透，二庚制財，水局重見，寅申六冲。五行喜木火，忌金水。

命例六一

偏印	戊戌	偏印
食神	壬戌	偏印
命主	庚申	比肩

食神　壬午　正官

四柱全陽。庚金生戌月。食印三透，火局重見，水星初生。五行喜金水，忌木火。

命例六二

正財　甲申　劫財

正印　戊辰　正印

命主　辛酉　比肩

食神　癸巳　正官

辛金生辰月。食印双透，戊癸不化，正財通根溼木，水局復見，火祿重合。五行喜木火，忌金水。

本造女命。身強喜財官。歲運東南，戊癸化火。

命例六三

比肩　甲午　傷官

偏財　戊辰　偏財
命主　甲寅　比肩
正官　辛未　正財

甲木生辰月。木土三透，通根日時，午刃復合，月令喜神。五行喜金水，忌木火。壬申癸酉，金白水清，大發財利。

命例六四

正印　己卯　正財
七殺　丙寅　偏財
命主　庚子　傷官
正印　己卯　正財

庚金生寅月，木旺火相，偏財為格。火土三透，年時二卯，日支水刃。五行喜金水，忌木火。

本造身弱喜印，得水二用。

命例六五

七殺　甲辰　比肩
食神　庚午　正印
命主　戊戌　比肩
偏印　丙辰　比肩

四柱全陽。戊土生午月，火旺土相，月刃為格。丙火高照，食殺對峙，甲己燥土，午戌天時地利，二水去一留一。五行喜金水，忌木火。

本造燥土月刃。殺刃合，身強喜財。歸庫六冲，年支義不容辭。

命例六六

七殺　庚辰　偏財
劫財　乙酉　正官
命主　甲子　正印
比肩　甲子　正印

甲木生酉月，金旺水相。金木四透，庚辛冲合甲乙，水局疊見，火星絕跡，格取從氣（金水之氣）。五行喜金水，忌木火。

本造乙木化金，二甲假從水格。

命例六七

偏印　戊寅　偏財

食神　壬戌　偏印

命主　庚寅　偏財

七殺　丙子　傷官

四柱全陽。庚金生戌月。火土双透，壬丙暗沖，寅戌復合，時支水刃。五行喜金水，忌木火。

本造女命。身弱喜印。

命例六八

正印　丁丑　劫財

比肩　戊申　食神

命主　戊辰　比肩
正官　乙卯　正官

戊土生申月，金旺水相，食神為格。火土三透，丁印虛懸，申辰拱水，年支殘冬。五行喜木火，忌金水。幼少南方，官印双清。

命例六九

劫財　己卯　正官
傷官　辛未　劫財
命主　戊辰　比肩
正官　乙卯　正官

戊土生未月，火土兩旺。官傷双透，乙辛暗冲，二卯復合，日支水庫。五行喜金水，忌木火。

命例七〇

七殺　丁巳　正官

正印　戊申　劫財
命主　辛丑　偏印
比肩　辛卯　偏財

辛金生申月，金旺水相，建祿為格。土金三透，殺星虛花，火祿重合。五行喜木火，忌金水。

命例七一

傷官　丁丑　正財
正財　己酉　正官
命主　甲子　正印
比肩　甲子　正印

甲木生酉月，金旺水相，正官為格。木星双透，二甲溼土，丁傷無根，年支合局疊見。五行喜木火，忌金水。

本造水多木漂。木火虛懸，干多不如支重。丁未丙午，二甲燥土，大吉大利。

命例七二

正官　甲申　傷官

正印　丙寅　正官

命主　己酉　食神

正官　甲戌　劫財

己土生寅月，木旺火相，正官為格。木火三透，二甲燥土，寅戌拱合，年支逢冲。五行喜金水，忌木火。

本造女命。官印相生，身強喜財。幼少北方，二甲溼土。

命例七三

食神　壬辰　偏印

傷官　癸卯　正財

命主　庚辰　偏印

正官　丁亥　食神

庚金生卯月，木旺火相。水火三透，官傷暗冲，乙庚丁壬作合，祿庫疊逢，格

取從氣（金水之氣）。五行喜金水，忌木火。

本造女命。庚金制財，卯月丁壬不化。木火凝於合局，真從水格。

命例七四

偏財　乙酉　比肩
正印　戊子　食神
命主　辛酉　比肩
偏財　乙未　偏印

辛金生子月，水旺木相，食神為格。二財競透，乙辛双冲，癸水合印，未土臨危受命。五行喜木火，忌金水。

本造溼土坐刃，戊癸同心。金水食神，得火二用，時支不負所託。

命例七五

偏財　癸未　比肩
偏財　癸亥　正財

命主　己卯　七殺
正財　壬申　傷官
己土生亥月，水旺木相，建祿為格。財星三透，通根月時，年支未土。五行喜木火，忌金水。盛年寅卯，天干丙丁，夫子兩得，甚然富足。
本造女命。溼土建祿。財多身弱。

命例七六
正印　辛未　正官
正財　丁酉　正印
命主　壬辰　七殺
七殺　戊申　偏印
壬水生酉月，金旺水相，正印為格。殺印双透，財星合日，水局重見，年支未土。五行喜木火，忌金水。
本造土金相生，身強喜財，丁壬親切有情。乙未甲午，木火通明。

命例七七

偏印　壬辰　偏財
傷官　丁未　正財
命主　甲寅　比肩
劫財　乙亥　偏印

甲木生未月，火土兩旺。木火三透，丁傷去印，時支重合，年支水庫。五行喜金水，忌木火。

本造木火傷官，身弱喜印。西北金水，丁壬勢均力敵，兩神並留。

命例七八

食神　辛亥　正財
偏印　丁酉　食神
命主　己未　比肩
傷官　庚午　偏印

己土生酉月，金旺水相，食神為格。火土双透，日支復合，辛金通根時令。五行喜金水，忌木火。

本造土金食神。火星力旺，身強喜財。

命例七九

劫財　甲午　食神
劫財　甲戌　正財
命主　乙卯　比肩
傷官　丙子　偏印

乙木生戌月。劫財双透，傷官兩遇火局，時支水刃。五行喜金水，忌木火。

本造火庫重合，秋虎英姿颯爽。身弱喜印，午刃千山萬水，另紮營寨，子時力旺，僅次月令。

命例八〇

傷官　丁酉　正官
偏印　壬寅　比肩

命主　甲戌　偏財
食神　丙子　正印

甲木生寅月，木旺火相，建祿為格。丙丁双透，食傷制印，寅戌拱合，子水歸刃。五行喜金水，忌木火。戊申己酉，土金潤澤，丁壬不化（溼木）。

本造女命。晚子。木火食傷，得水二用。

命例八一

劫財　戊寅　正官
七殺　乙卯　七殺
命主　己未　比肩
正印　丙子　偏財

己土生卯月，木旺火相，七殺為格。火土三透，通根年日，時支歸刃。五行喜金水，忌木火。

本造晚子，時干以次日日干換算。殺印相生，身強喜財。

命例八二

食神　庚辰　比肩
比肩　戊寅　七殺
命主　戊戌　比肩
正財　癸丑　劫財

戊土生寅月，木旺火相，七殺為格。土金三透，戊癸不化，年時二水，寅戌拱火。五行喜木火，忌金水。

本造初春餘寒。月令喜神。歲運東南，戊癸化火。寅戌合，解辰戌暗冲。

命例八三

傷官　壬寅　正財
傷官　壬寅　正財
命主　辛巳　正官
七殺　丁酉　比肩

辛金生寅月，木旺火相，正財為格。水星双透，二傷虛懸，丁壬化木，寅巳叠逢，時支歸刃。五行喜金水，忌木火。歲運西北，二水通根，去殺。

命例八四

七殺　壬午　劫財
食神　戊申　偏財
命主　丙辰　食神
食神　戊子　正官

四柱全陽。丙火生申月，金旺水相，偏財為格。食殺三透，壬丙暗冲，申子辰合，年支午刃。五行喜木火，忌金水。

本造水局解子午暗冲。

命例八五

正官　乙亥　偏財
偏印　丙子　正財
命主　戊辰　比肩

七殺　甲寅　七殺

戊土生子月，水旺木相，月刃為格。官殺双透，甲己溼土，正財合日，偏印兩坐水局，火星初生。五行喜木火，忌金水。

本造溼土月刃。殺刃合，運喜助身。生冬至後，年柱乙亥，陰男，大運逆行。

命例八六

傷官　丁未　正財

劫財　乙巳　食神

命主　甲午　傷官

傷官　丁卯　劫財

甲木生巳月，火旺土相。二丁競透，巳未拱午，復三會火，滴水全無，格取從傷。五行喜木火，忌金水。

本造女命。傷官遍野，燥金力弱，真從火格。戊申己酉，水火交戰，大病，百無是處。

命例八七

劫財　戊辰　劫財
傷官　庚申　傷官
命主　己酉　食神
偏財　癸酉　食神

己土生申月，金旺水相。土金水四透，年支疊合，火星絕跡，真從勢格（土金水之勢）。五行喜金水，忌木火。

本造從勢（從水），亦從食傷，喜財星生發。晚歲東南，戊癸化火，守成。從格分水火。從財、從官殺、從食傷、從強、從旺、從勢、從氣，多立名目，矛盾重出，捨近求遠，撲朔迷離。

命例八八

正印　辛酉　正印
偏財　丙申　偏印
命主　壬申　偏印

正印　辛亥　比肩

壬水生申月，金旺水相。財星高照，壬丙相沖，二辛以逸待勞，四柱汪洋，真化水格。五行喜金水，忌木火。

本造偏財無根，三遇沖合。歲運東南，丙辛不化，兩神並留。強財壞印，豬羊變色。

命例八九

正財　己未　正財

正財　己巳　食神

命主　甲寅　比肩

食神　丙寅　比肩

甲木生巳月，火旺土相。木火土四透，甲己復合，二財拱午，三會南方，滴水全無，格取從食。五行喜木火，忌金水。

本造真從火格。大忌歲運西北，甲己溼土。

命例九〇

傷官　甲子　比肩

比肩　癸酉　偏印

命主　癸酉　偏印

比肩　癸亥　劫財

癸水生酉月，金旺水相。水木四透，祿刃交集，火星絕跡，格取從旺。五行喜金水，忌木火。

本造甲木，假從水格。

命例九一

食神　丙寅　比肩

比肩　甲午　傷官

命主　甲戌　偏財

正官　辛未　正財

甲木生午月，火旺土相。官食双透，二甲燥土，午刃重合，滴水全無，格取從傷。五行喜木火，忌金水。

本造女命。午月未時。正官受制，真從火格。己丑戊子，丙辛化水，犯旺。

命例九二

正官　丁卯　正財
正官　丁未　正印
命主　庚午　正官
正印　己卯　正財

庚金生未月，火土兩旺。官印三透，午未燥土，四柱水絕，格取從氣（火土之氣）。五行喜木火，忌金水。

本造庚金，假從火格。

命例九三

食神　戊寅　偏印
傷官　己未　傷官

命主　丙戌　食神
正印　乙未　傷官

丙生未月未時。火土三透，寅戌拱合，滴水全無，格取從氣（火土之氣）。五行喜木火，忌金水。

本造女命。真從火格。

命例九四

比肩　丙寅　偏印
偏財　庚寅　偏印
命主　丙午　劫財
正印　乙未　傷官

丙火生寅月，木旺火相。二丙競透，乙庚不化，午刃疊合，滴水全無，格取從勢（木火土之勢）。五行喜木火，忌金水。

本造春月未時。印星制財，真從火格。大忌歲運西北，乙庚化金。

命例九五

食神　壬申　比肩

偏印　戊申　比肩

命主　庚辰　偏印

偏財　甲申　比肩

四柱全陽。庚金生申月，金旺水相。水土双透，甲庚相冲，申辰疊見，丙丁絕跡，格取從勢（土金水之勢）。五行喜金水，忌木火。

本造甲木，假從水格。

命例九六

劫財　丙午　比肩

傷官　戊戌　傷官

命主　丁亥　正官

正官　壬寅　正印

丁火生戌月。火土三透，壬水兩遇丙丁，時支復合，格取從旺。五行喜木火，忌金水。

本造二水一合一化，真從火格。大忌歲運西北，正官通根，變真為假。

命例九七

食神　甲戌　七殺
正財　丁卯　傷官
命主　壬午　正財
正財　丁未　正官

壬水生卯月，木旺火相。火星双透，二丁爭日，午未燥土，年支復合，格取從財。五行喜木火，忌金水。

本造真從火格。二丁就我，多多益善。大忌歲運西北，壬水不化，犯旺。

命例九八

偏印　癸巳　傷官
正財　戊午　食神

命主　乙巳　傷官
偏財　己卯　比肩

乙木生午月，火旺土相。財星双透，月柱夾殺癸水，巳午重會，真化火格。五行喜木火，忌金水。

本造癸丁冲。正財合印，心悅誠服。

命例九九

七殺　癸未　食神
食神　己未　食神
命主　丁巳　劫財
偏印　乙巳　劫財

四柱全陰。丁火生未月，火土兩旺。食印双透，癸丁暗冲，巳未拱午，復三會火，格取從旺。五行喜木火，忌金水。

本造癸丁冲，假從火格。

命例一〇〇

偏財　戊辰　偏財
正印　癸丑　正財
命主　甲子　正印
比肩　甲子　正印

甲木生丑月，水土兩旺。財印双透，戊癸不化，丙丁絕跡，二子合局四見，格取從強。五行喜金水，忌木火。

本造丑月子時。三見真神之最。水土通根四支，大忌歲運東南，戊癸化火，犯旺。二甲假從水格。生冬至後，年柱戊辰，陽男，大運順行。

命例一〇一

正印　壬戌　正財
傷官　丙午　食神
命主　乙卯　比肩
傷官　丙戌　正財

乙木生午月，火旺土相。傷官双透，壬水三遇丙丁，火局四見，格取從食（從火）。五行喜木火，忌金水。丙午丁未，出身富家，得天獨厚。運轉西北，犯旺，起倒無常。

本造壬丙復冲，午中丁火，格取真從。

命例一〇二

偏印　丁巳　正印

偏印　丁未　比肩

命主　己巳　正印

偏印　丁卯　七殺

四柱陰盛。己土生未月，火土兩旺。丁印併透，巳未夾拱二午，復三會火，滴水全無，真從強格（從火）。五行喜木火，忌金水。

命例一〇三

偏財　戊寅　比肩

偏印　壬戌　偏財
命主　甲午　傷官
傷官　丁卯　劫財

甲木生戌月。財印双透，丁壬化木，火庫復合，真從勢格（木火土之勢）。五行喜木火，忌金水。

本造從勢（從火），亦從食傷，喜財星生發。大忌歲運西北，丁壬不化，變真為假。

命例一〇四

食神　丁巳　傷官
傷官　丙午　食神
命主　乙未　偏財
正印　壬午　食神

乙木生午月，火旺土相。印星高照，四遇丙丁，復三會火，格取從食。五行喜木火，忌金水。

本造烈焰沖天。午未真神之最。壬丙暗沖，三見丁食，真從火格。大忌歲運西北，犯旺。

命例一〇五

正財　癸未　劫財
偏財　壬戌　比肩
命主　戊午　正印
正印　丁巳　偏印

戊土生戌月。財印三透，丁壬戊癸，臭氣相投，方局並見，真化火格。五行喜木火，忌金水。

本造化局兩見，解癸丁沖。大忌歲運西北，二財通根，變真為假。

命例一〇六

傷官　丁亥　偏印
偏印　壬寅　比肩

命主　甲戌　偏財
傷官　丁卯　劫財

甲木生寅月，木旺火相。水火三透，二丁制印，木局兩見，日支復合，格取從傷。五行喜木火，忌金水。

本造二水一合一化，真從火格。大忌歲運西北，偏印通根。六十年金水，四十年真行假運，事與願違。乙未甲午，風和日麗，老境堪誇。

命例一〇七　本例出自〈窮通寶鑑〉

七殺　庚申　七殺
偏財　戊寅　比肩
命主　甲寅　比肩
食神　丙寅　比肩

四柱全陽，心直口快。甲木生寅月，木旺火相，建祿為格。火土双透，甲庚暗冲，三寅一申，不免見嫌。五行喜金水，忌木火。

命例一〇八　本例出自〈窮通寶鑑〉

比肩　甲午　傷官

傷官　丁卯　劫財

命主　甲寅　比肩

傷官　丁卯　劫財

甲木生卯月，木旺火相。二丁競透，寅午合火，金水双絕，真從傷格。五行喜木火，忌金水。

本造從火。寅卯復會，不如午刃合。

命例一〇九　本例出自〈窮通寶鑑〉

正財　己未　正財

傷官　丁卯　劫財

命主　甲戌　偏財

七殺　庚午　傷官

甲木生卯月，木旺火相。丁傷高照，甲乙制殺，正財合日，午未燥土，火局兩見，滴水全無，格取從氣（火土之氣）。五行喜木火，忌金水。

本造乙木合殺，真從火格。大忌歲運西北，甲己溼土。

命例一一〇　本例出自〈窮通寶鑑〉

劫財　乙丑　正財

七殺　庚辰　偏財

命主　甲申　七殺

食神　丙寅　比肩

甲木生辰月。丙火高照，庚、申冲合四見，年支凍土。五行喜木火，忌金水。

本造女命。殺刃合。食神制殺，乙庚不化。少運南方，火土得地，利財。

命例一一一　本例出自〈窮通寶鑑〉

食神　丙寅　比肩

偏印　壬辰　偏財

命主　甲辰　偏財

傷官　丁卯　劫財

甲木生辰月。丙丁双透，冲合壬水，寅卯會木，二辰力挽狂瀾，月令喜神。五行喜金水，忌木火。

命例一一二　本例出自〈窮通寶鑑〉

傷官　丁卯　劫財

劫財　乙巳　食神

命主　甲辰　偏財

七殺　庚午　傷官

甲木生巳月，火旺土相，傷官為格。丁傷高照，甲乙冲合庚金，巳午會火，日支水庫。五行喜金水，忌木火。

本造巳月化金（燥金）。殺刃合，身弱喜印。辛丑庚子，金清水秀。

命例一一三　本例出自〈窮通寶鑑〉

食神　丙午　傷官

正印　癸巳　食神
命主　甲戌　偏財
比肩　甲子　正印

甲木生巳月，火旺土相，食神為格。丙火高照，正印虛花，午刃復合，子水另紮營寨。五行喜金水，忌木火。

命例一一四　本例出自〈窮通寶鑑〉

食神　丙午　傷官
正印　癸巳　食神
命主　甲子　正印
食神　丙寅　比肩

甲木生巳月，火旺土相，食神為格。丙火双透，午刃重合，印星通根日支。五行喜金水，忌木火。

本造身弱喜印，得水二用。巳午會火，解子午暗冲。

命例一一五　本例出自〈窮通寶鑑〉

傷官　丁巳　食神
食神　丙午　傷官
命主　甲寅　比肩
比肩　甲子　正印

甲木生午月，火旺土相，傷官為格。丙丁双透，二甲燥土，午刃復合，時支絕處逢生。五行喜金水，忌木火。

本造木火傷官。月令翻雲覆雨，隻手遮天。火局重見，解子午暗冲。

命例一一六　本例出自〈窮通寶鑑〉

比肩　甲辰　偏財
正官　辛未　正財
命主　甲子　正印
正官　辛未　正財

甲生未月未時。木星双透，二官虛花，子辰隔土。五行喜金水，忌木火。

本造木火傷官，身弱喜印。壬申癸酉，水到渠成，花月春風。

命例一一七　本例出自〈窮通寶鑑〉

正財　戊子　偏印
正官　庚申　正官
命主　乙丑　偏財
正印　壬午　食神

乙木生申月，金旺水相，正官為格。財印双透，乙庚化金，子水復合，時支午刃。五行喜木火，忌金水。

本造財官印全，悉為忌神。年支重合，解子午暗沖。

命例一一八　本例出自〈窮通寶鑑〉

劫財　乙未　正財
比肩　甲申　七殺
命主　甲子　正印

劫財　乙亥　偏印

甲木生申月，金旺水相，七殺為格。木星四透，水局重見，年支未土。五行喜木火，忌金水。

本造水木明瑟，火土洩旺取暖。

命例一一九　本例出自〈窮通寶鑑〉

食神　丙午　傷官

食神　丙申　七殺

命主　甲寅　比肩

傷官　丁卯　劫財

甲木生申月，金旺水相，七殺為格。丙丁三透，日支冲合並見。五行喜金水，忌木火。

本造初秋餘暑。月令喜神，寅申六冲。木火食傷，得水二用。庚子辛丑，青雲直上。

命例一二〇　本例出自〈窮通寶鑑〉

劫財　乙未　正財
劫財　乙酉　正官
命主　甲子　正印
傷官　丁卯　劫財

甲木生酉月，金旺水相，正官為格。丁火高照，二劫辛金，卯酉暗冲，年支未土，日支水刃。五行喜金水，忌木火。

本造官傷並見，辛金三遇乙木，得水二用。

命例一二一　本例出自〈窮通寶鑑〉

正財　己丑　正財
比肩　甲戌　偏財
命主　甲子　正印
比肩　甲子　正印

甲木生戌月。財星高照，三甲溼土，子丑復合，月令喜神。五行喜木火，忌金水。盛年南方，火星得地，甲己燥土。

命例一二二　本例出自〈窮通寶鑑〉

偏印　壬辰　偏財
正官　辛亥　偏印
命主　甲子　正印
正財　己巳　食神

甲木生亥月，水旺木相，偏印為格。官印双透，水局兩見，正財坐祿，與我相合。五行喜木火，忌金水。壬子癸丑，甲己溼土。運轉東南，晴空萬里。

本造亥子會水，解巳亥暗冲。

命例一二三　本例出自〈窮通寶鑑〉

劫財　乙亥　偏印
偏財　戊子　正印
命主　甲寅　比肩

比肩　甲子　正印

甲木生子月，水旺木相，正印為格。比劫双透，二癸合財，甲己溼土四見，亥子復會，火星初生。五行喜木火，忌金水。

命例一二四　本例出自〈窮通寶鑑〉

七殺　庚寅　比肩

傷官　丁丑　正財

命主　甲辰　偏財

比肩　甲子　正印

甲木生丑月，水土兩旺。溼木並透，甲庚双冲，子刃重合，丁火通根年支。五行喜木火，忌金水。

本造丑月子時。生冬至後，年柱庚寅，陽男，大運順行。

命例一二五　本例出自〈窮通寶鑑〉

正印　癸亥　偏印

正印　癸丑　正財
命主　甲午　傷官
劫財　乙亥　偏印

甲木生丑月，水土兩旺。印星双透，二癸拱子，甲乙兩見溼木，復三會水，日支午刃。五行喜木火，忌金水。

本造水木印格，得火二用。丁未丙午，艷陽高照，苦盡甘來。生冬至後，年柱癸亥，陰男，大運逆行。原例就是癸亥。

命例一二六　本例出自〈窮通寶鑑〉

七殺　庚寅　比肩
傷官　丁丑　正財
命主　甲辰　偏財
正印　癸酉　正官

甲木生丑月，水土兩旺。殺印双透，甲庚癸丁暗沖，酉刃復合，火星初生。五行喜木火，忌金水。

本造生冬至後，年柱庚寅，陽男，大運順行。

命例一二七　本例出自〈窮通寶鑑〉

劫財　甲寅　劫財
傷官　丙寅　劫財
命主　乙卯　比肩
正官　庚辰　正財

乙木生寅月，木旺火相，建祿為格。官傷双透，甲乙冲合庚金，寅卯重會，時支水庫。五行喜金水，忌木火。

本造寅月餘寒。正官冲尅合。晚歲西方，壬申癸酉，乙庚化金，鐵樹開花。

命例一二八　本例出自〈窮通寶鑑〉

劫財　甲寅　劫財
食神　丁卯　比肩
命主　乙未　偏財

傷官　丙子　偏印

乙木生卯月，木旺火相，月刃為格。丙丁双透，通根年日，子水一夫當關。五行喜金水，忌木火。

本造木火食傷，得水二用。

命例一二九　本例出自〈窮通寶鑑〉

正官　庚午　食神

正官　庚辰　正財

命主　乙酉　七殺

食神　丁亥　正印

乙木生辰月。正官双透，乙庚化金，辰酉合水，祿庫重逢，丁火難通年支。五行喜木火，忌金水。

命例一三〇　本例出自〈窮通寶鑑〉

正官　庚午　食神

劫財　甲申　正官
命主　乙卯　比肩
食神　丁丑　偏財

乙木生申月，金旺水相，正官為格。庚金高透，冲合甲乙，丁火虛花，時支凍土，年支午刃。五行喜木火，忌金水。

本造申月化金。

命例一三一　本例出自〈窮通寶鑑〉

劫財　甲寅　劫財
劫財　甲戌　正財
命主　乙酉　七殺
傷官　丙子　偏印

乙木生戌月。木火四透，寅戌拱合，二刃依之為命，妻子双美。五行喜金水，忌木火。

命例一三二　本例出自〈窮通寶鑑〉

偏財　己亥　正印

比肩　乙亥　正印

命主　乙巳　傷官

食神　丁亥　正印

四柱全陰。乙木生亥月，水旺木相，正印為格。火土双透，二乙通根水祿，巳亥三冲。五行喜木火，忌金水。

本造水木印格，得火二用。六冲疊逢，不能損去。癸酉壬申，制合丁、巳，從水。乙木假從。

命例一三三　本例出自〈窮通寶鑑〉

偏印　癸未　偏財

偏印　癸丑　偏財

命主　乙酉　七殺

七殺　辛巳　傷官

四柱全陰。乙木生丑月，水土兩旺。偏印双透，乙辛對峙，時令冲合並見。五行喜木火，忌金水。癸丑壬子，一貧如洗。正南方火，天覆地載，富貴双全。

本造二火一冲一合。生冬至後，年柱癸未，陰男，大運逆行。

命例一三四　本例出自〈窮通寶鑑〉

比肩　**丙午**　**劫財**

偏財　**庚寅**　**偏印**

命主　**丙午**　**劫財**

偏財　**庚寅**　**偏印**

四柱全陽，心直口快，胸無城府。丙火生寅月，木旺火相。二丙競透，寅午四見，滴水全無，格取從旺。五行喜木火，忌金水。

本造二庚，假從火格。

命例一三五　本例出自〈窮通寶鑑〉

偏財　**庚寅**　**偏印**

食神　戊寅　偏印
命主　丙寅　偏印
七殺　壬辰　食神

四柱全陽。丙火生寅月，木旺火相，偏印為格。火土双透，壬丙相冲，三寅疊逢，時支水庫。五行喜金水，忌木火。

命例一三六　本例出自〈窮通寶鑑〉

劫財　丁酉　正財
七殺　壬寅　偏印
命主　丙子　正官
食神　戊戌　食神

丙火生寅月，木旺火相，偏印為格。火土三透，丙丁制殺，寅戌拱合，日支水刃。五行喜金水，忌木火。

本造寅月化木。五陽劫財合殺，刃旺身強。

命例一三七　本例出自〈窮通寶鑑〉

正官　癸丑　傷官
比肩　丙辰　食神
命主　丙午　劫財
七殺　壬辰　食神

丙火生辰月。官殺双透，壬丙復冲，水庫重見，年支凍土，日支午刃。五行喜木火，忌金水。

命例一三八　本例出自〈窮通寶鑑〉

劫財　丁巳　比肩
正印　乙巳　比肩
命主　丙子　正官
食神　戊子　正官

丙火生巳月，火旺土相，建祿為格。劫印競透，火祿重見，溼土兩遇水刃，妻子双美。五行喜金水，忌木火。

本造月令建祿，身強能任財官。水火勢均力敵，這是先天中和的好命。

命例一三九　本例出自〈窮通寶鑑〉

偏財　庚寅　偏印
七殺　壬午　劫財
命主　丙戌　食神
傷官　己亥　七殺

丙火生午月，火旺土相，月刃為格。財殺双透，壬水兩遇丙丁，寅木重合。五行喜金水，忌木火。

本造五陽劫財合殺，刃旺身強。時支蠢蠢欲動，舉棋不定。戊子己丑，水土潤澤，名利双收。

命例一四〇　本例出自〈窮通寶鑑〉

食神　戊戌　食神
食神　戊午　劫財

命主　丙午　劫財
傷官　己丑　傷官
　丙火生午月，火旺土相，月刃為格。土星三透，午戌重合，時支洩旺。五行喜金水，忌木火。
　本造丑時，一字千金。歲運相助，時干覆溼土。十多歲交運西北，順遂。

命例一四一　本例出自〈窮通寶鑑〉
食神　戊申　偏財
食神　戊午　劫財
命主　丙辰　食神
偏印　甲午　劫財
　四柱全陽。丙火生午月，火旺土相，月刃為格。食印三透，甲己復合，年日二水，中隔燥土。五行喜金水，忌木火。
　本造身強喜財官。申辰不遇，歲運逢子，三合解二午之沖。

命例一四二　本例出自〈窮通寶鑑〉

七殺　壬寅　偏印
劫財　丁未　傷官
命主　丙申　偏財
七殺　壬辰　食神

丙火生未月，火土兩旺。丙丁競透，冲合二壬，年支寅祿，申辰拱水，妻子双美。五行喜金水，忌木火。

本造未月化木。二殺合劫，身強喜財官。水局解寅申暗冲。

命例一四三　本例出自〈窮通寶鑑〉

比肩　丙寅　偏印
劫財　丁酉　正財
命主　丙辰　食神
劫財　丁酉　正財

丙火生酉月，金旺水相，正財為格。火星四透，通根年支，二辛制丙，無能為力，辰酉復合。五行喜金水，忌木火。盛年北方，庚子辛丑，二丙化水。

本造金刃得時得地，若無辰水雨潤煙濃，不過少陰。

命例一四四　本例出自〈窮通寶鑑〉

傷官　己亥　七殺

偏印　甲戌　食神

命主　丙子　正官

食神　戊子　正官

丙火生戌月。溼土双透，偏印合傷，亥子復會，月令喜神。五行喜木火，忌金水。辛未庚午，甲己燥土。

命例一四五　本例出自〈窮通寶鑑〉

食神　戊戌　食神

七殺　壬戌　食神

命主　丙寅　偏印

七殺　壬辰　食神

四柱全陽。丙火生戌月。火土双透，二壬冲丙，寅戌復合，時支水庫。五行喜金水，忌木火。

本造七殺重出，丙火面不改色。寅祿解二戌冲辰。

命例一四六　本例出自〈窮通寶鑑〉

比肩　丙戌　食神

傷官　己亥　七殺

命主　丙子　正官

七殺　壬辰　食神

丙火生亥月，水旺木相，七殺為格。水土双透，壬丙復冲，子刃重合，年支火庫。五行喜木火，忌金水。

本造二丙，七殺面無懼色。子辰合，解辰戌暗冲。

命例一四七　本例出自〈窮通寶鑑〉

正財　辛丑　傷官
偏財　庚子　正官
命主　丙子　正官
正官　癸巳　比肩

丙火生子月，水旺木相，正官為格。財官三透，丙辛化水，年支疊合。五行喜木火，忌金水。

本造火祿不安於室。中運南方，乙未甲午，丙辛去一留一。

命例一四八　本例出自〈窮通寶鑑〉

正財　辛酉　正財
偏財　庚子　正官
命主　丙戌　食神
食神　戊子　正官

丙火生子月，水旺木相，正官為格。土金三透，丙辛化水，二子合食，日支火庫。五行喜木火，忌金水。

命例一四九　本例出自〈窮通寶鑑〉

偏財　庚寅　偏印

劫財　丁丑　傷官

命主　丙寅　偏印

偏財　庚寅　偏印

丙火生丑月，水土兩旺。火星双透，寅木叠逢，時令寒土，真神得用。五行喜金水，忌木火。

本造丙丁三見長生，日干轉強。月令真神，其格自高。生冬至後，年柱庚寅，陽男，大運順行。

命例一五〇　本例出自〈窮通寶鑑〉

比肩　丙寅　偏印

傷官　己丑　傷官

命主　丙午　劫財
偏財　庚寅　偏印

丙火生丑月，水土兩旺。二丙競透，寅午復合，土金通根時令，真神得用。五行喜金水，忌木火。

本造月令真神，其格自高。生冬至後，年柱丙寅，陽男，大運順行。

命例一五一　本例出自〈窮通寶鑑〉

正財　庚辰　傷官
傷官　戊寅　正印
命主　丁未　食神
正官　壬寅　正印

丁火生寅月，木旺火相，正印為格。官傷双透，丁壬化木，二寅一未，年支水庫。五行喜金水，忌木火。

本造身強喜財官。歲運西北，丁壬不化，兩神並留。

命例一五二　本例出自〈窮通寶鑑〉

傷官　戊子　七殺
偏印　乙卯　偏印
命主　丁巳　劫財
比肩　丁未　食神

丁火生卯月，木旺火相，偏印為格。木火併透，二丁拱午，三會南方，傷官坐刃。五行喜金水，忌木火。

命例一五三　本例出自〈窮通寶鑑〉

正財　庚辰　傷官
食神　己卯　偏印
命主　丁丑　食神
正印　甲辰　傷官

丁火生卯月，木旺火相，偏印為格。土金双透，正印冲合，乙木化財，水庫復見，日支得寸進尺。五行喜木火，忌金水。

本造一燈如豆，不能損去。壬午癸未，丁火通根，甲己燥土。

命例一五四　本例出自〈窮通寶鑑〉

正印　甲午　比肩
食神　己巳　劫財
命主　丁丑　食神
偏印　乙巳　劫財

丁火生巳月，火旺土相，建祿為格。食印三透，甲己燥土，巳午重會，日支復合。五行喜金水，忌木火。壬申癸酉，青雲得志。

命例一五五　本例出自〈窮通寶鑑〉

劫財　丙子　七殺
正印　甲午　比肩
命主　丁卯　偏印
正官　壬寅　正印

丁火生午月，火旺土相，月刃為格。劫印双透，甲己燥土，正官三遇丙丁，午刃冲合。五行喜金水，忌木火。庚子辛丑，丁壬不化，兩神並留。

本造五陰月刃合官。年支犯旺，從化破格。

命例一五六　本例出自〈窮通寶鑑〉

七殺　癸卯　偏印

傷官　戊午　比肩

命主　丁丑　食神

正印　甲辰　傷官

丁火生午月，火旺土相，月刃為格。木火並透，傷官合殺，癸丁復冲，甲己燥土，日時二水，妻子双美。五行喜金水，忌木火。

本造一戊二丁，七殺生氣全無，轉取日支寒土。癸丑壬子，鴻運當頭。

命例一五七　本例出自〈窮通寶鑑〉

劫財　丙子　七殺

正印　甲午　比肩
命主　丁酉　偏財
七殺　癸卯　偏印

丁火生午月，火旺土相，月刃為格。木火三透，二丁去殺，甲己燥土，子午卯酉，狹路相逢。五行喜金水，忌木火。

本造癸丁復沖。子午對峙。正北方水，補償半生顛倒。

命例一五八　本例出自〈窮通寶鑑〉

正官　壬辰　傷官
偏財　辛丑　食神
命主　丁卯　偏印
正印　甲辰　傷官

丁火生丑月，水土兩旺。財官双透，壬水合日，甲印通根卯木，二辰重見。五行喜木火，忌金水。

本造火土食神。日干虛懸，丁壬去一留一。丙午丁未，大遂所願。生冬至後，年柱壬辰，陽男，大運順行。

命例一五九　本例出自〈窮通寶鑑〉

偏財　辛亥　正官

劫財　丙申　正財

命主　丁丑　食神

傷官　戊申　正財

丁火生申月，金旺水相，偏財為格。丙丁双透，劫財化水，傷官四見溼土。五行喜木火，忌金水。

本造丙丁無根，去一留一。乙未甲午，辛金無功而返（一常）。癸巳壬辰，官殺沖合，金局疊逢，二火並去，從水，一假一真（一變）。

命例一六〇　本例出自〈窮通寶鑑〉

偏財　辛卯　偏印

劫財　丙申　正財

命主　丁酉　偏財
劫財　丙午　比肩

丁火生申月，金旺水相，偏財為格。丙丁併透，二劫爭財，時歸午刃，卯酉暗冲。五行喜金水，忌木火。

本造申月餘暑。月令喜神。己丑戊子，丙辛化水，老境堪誇。

命例一六一　本例出自〈窮通寶鑑〉

正財　庚辰　傷官
正印　甲申　正財
命主　丁未　食神
劫財　丙午　比肩

丁火生申月，金旺水相，正財為格。丙丁双透，甲庚相冲，時支歸刃，午未燥土，申辰拱水。五行喜金水，忌木火。

本造申月餘暑。月令喜神。戊子己丑，水土双清。

命例一六二　本例出自〈窮通寶鑑〉

正官　壬午　比肩
食神　己酉　偏財
命主　丁亥　正官
正財　庚戌　傷官

丁火生酉月，金旺水相，偏財為格。土金双透，正官就我，午戌暗度陳倉，日支水祿。五行喜金水，忌木火。

本造酉月，丁壬不化，去一留一。正北方水，天覆地載，富貴堪誇。

命例一六三　本例出自〈窮通寶鑑〉

比肩　丁未　食神
食神　己酉　偏財
命主　丁丑　食神
偏財　辛亥　正官

四柱全陰。丁火生酉月，金旺水相，偏財為格。土金双透，亥丑拱子，三會北方，年柱幫身。五行喜木火，忌金水。丁未丙午，少年得志。

本造酉丑合，解丑未暗冲。

命例一六四　本例出自〈窮通寶鑑〉

正財　庚午　比肩

劫財　丙戌　傷官

命主　丁未　食神

正官　壬寅　正印

丁火生戌月。財官双透，壬水兩遇丙丁，午刃復合，格取從旺（從火）。五行喜木火，忌金水。

本造烈火燎原。丁壬化木，庚金變真為假。

命例一六五　本例出自〈窮通寶鑑〉

七殺　癸丑　食神

七殺　癸亥　正官

命主　丁丑　食神
比肩　丁未　食神

四柱陰盛。丁火生亥月，水旺木相，七殺為格。癸丁四透，通根丑未，沖局六見，二子夾拱，復三會水。五行喜木火，忌金水。

本造非四正月，不論官殺重見。濁浪滔天，己未戊午，稱心快意。

命例一六六　本例出自〈窮通寶鑑〉

偏財　辛未　食神
食神　己丑　食神
命主　丁酉　偏財
正印　甲辰　傷官

丁火生丑月，水土兩旺。財印双透，甲己溼土，日支復合，丑未六沖。五行喜木火，忌金水。

本造生冬至後，年柱辛未，陰男，大運逆行。

命例一六七　本例出自〈窮通寶鑑〉

七殺　癸巳　**劫財**

七殺　癸丑　**食神**

命主　丁巳　**劫財**

偏印　乙巳　**劫財**

四柱全陰。丁火生丑月，水土兩旺。殺星双透，二癸冲丁，三拱金局。五行喜木火，忌金水。丁未丙午，一吐烏氣。

本造火祿三見，臣服時令一丑。生冬至後，年柱癸巳，陰男，大運逆行。

命例一六八　本例出自〈窮通寶鑑〉

正官　壬子　**七殺**

比肩　丁未　**食神**

命主　丁巳　**劫財**

比肩　丁未　**食神**

丁生未月未時。比肩双透，正官化木，二午夾拱，復三會火，年支水刃。五行喜金水，忌木火。

本造偏旺一方。壬水坐刃，不敵丁火三顧茅廬。歲運西北，兩神並留。

命例一六九　本例出自〈窮通寶鑑〉

正印　丁未　劫財

正財　癸卯　正官

命主　戊寅　七殺

正官　乙卯　正官

戊土生卯月，木旺火相。財星高照，年日左右開弓，二官方局四見，未土爍石流金，真化火格。五行喜木火，忌金水。辛丑庚子，癸水通根，假神作祟。

命例一七〇　本例出自〈窮通寶鑑〉

正財　癸未　劫財

正官　乙卯　正官

命主　戊寅　七殺

偏印　丙辰　比肩

戊土生卯月，木旺火相，正官為格。財星高照，戊癸化印，火土通根年日，時支歸庫。五行喜金水，忌木火。

命例一七一　本例出自〈窮通寶鑑〉

劫財　己未　劫財

比肩　戊辰　比肩

命主　戊寅　七殺

七殺　甲寅　七殺

戊土生辰月。劫殺双透，甲己燥土，二寅一未，財庫洩旺。五行喜金水，忌木火。

本造月令喜神。五陽劫財合殺，刃旺身強。

命例一七二　本例出自〈窮通寶鑑〉

傷官　辛亥　偏財

正財　癸巳　偏印
命主　戊午　正印
偏印　丙辰　比肩

戊土生巳月，火旺土相，建祿為格。丙辛双透，戊癸化火，時令冲合，水土歸庫。五行喜金水，忌木火。己丑戊子，偏印化財。

命例一七三　本例出自〈窮通寶鑑〉

正財　癸丑　劫財
正印　丁巳　偏印
命主　戊午　正印
正印　丁巳　偏印

戊土生巳月，火旺土相，建祿為格。二丁競透，戊癸化火，巳午重會，金局復合。五行喜金水，忌木火。

本造燥土建祿。一戊二丁，癸水插翅難飛。正北方及時雨，天透地藏。

命例一七四　本例出自〈窮通寶鑑〉

傷官　辛未　劫財

七殺　甲午　正印

命主　戊寅　七殺

偏財　壬子　正財

戊土生午月，火旺土相，月刃為格。財殺並透，甲己丁壬，一午四局，時歸子刃。五行喜金水，忌木火。

本造五陽劫財合殺，身強喜財。壬水坐刃，抵敵午中丁火，三心二意，去留不定。己丑戊子，撥雲見日，兩不相乖。火土重合，解子午暗冲。

命例一七五　本例出自〈窮通寶鑑〉

比肩　戊申　食神

劫財　己未　劫財

命主　戊午　正印

傷官　辛酉　傷官

戊土生未月，火土兩旺。比劫双透，午未燥土，辛金坐刃，申祿小兵立功，更勝一籌。五行喜金水，忌木火。

命例一七六　本例出自〈窮通寶鑑〉

偏印　丙戌　比肩

比肩　戊戌　比肩

命主　戊寅　七殺

偏財　壬子　正財

四柱全陽。戊土生戌月。火土三透，壬丙暗冲，寅戌復合，時支水刃。五行喜金水，忌木火。

命例一七七　本例出自〈窮通寶鑑〉

正印　丁酉　傷官

食神　庚戌　比肩

命主　戊寅　七殺

正官　乙卯　正官

戊土生戌月。官食双透，乙庚不化，丁印兩遇火局，滴水全無，年支酉刃。五行喜金水，忌木火。

本造金刃，從化不成。月時合，解卯酉暗沖。

命例一七八　本例出自〈窮通寶鑑〉

偏印　丙子　正財

比肩　戊戌　比肩

命主　戊辰　比肩

劫財　己未　劫財

戊土生戌月。火土四透，通根月時，辰戌六沖，年支水刃。五行喜金水，忌木火。少運北方，子辰合財。

命例一七九　本例出自〈窮通寶鑑〉

偏財　壬子　正財

偏財　壬子　正財

命主　戊子　正財

偏財　壬子　正財

四柱全陽。戊土生子月，水旺木相。壬水三透，四癸合日，溼土德高望重，木火双絕，真從財格（從水）。五行喜金水，忌木火。

本造氣偏北方，水土旺極。四刃純粹，不生二心。

命例一八〇　本例出自〈窮通寶鑑〉

七殺　甲辰　比肩

正官　乙丑　劫財

命主　戊申　食神

正財　癸丑　劫財

戊生丑月丑時。水木三透，戊癸不化，申辰拱合，丙丁絕跡，格取從財。五行喜金水，忌木火。

本造水土通根四支，大忌歲運東南，戊癸化火。甲乙假從水格。生冬至後，年柱甲辰，陽男，大運順行。

命例一八一　本例出自〈窮通寶鑑〉

偏財　癸卯　七殺
七殺　乙卯　七殺
命主　己巳　正印
七殺　乙丑　比肩

四柱陰盛。己土生卯月，木旺火相，七殺為格。水木三透，巳丑拱金，二卯生火，莫可奈何。五行喜木火，忌金水。

本造火祿合金，權取二卯。丁未丙午，風燭殘年。若是女命，早行南方。

命例一八二　本例出自〈窮通寶鑑〉

正財　壬子　偏財
正官　甲辰　劫財
命主　己卯　七殺

正印　丙寅　正官

己土生辰月。財官並透，壬丙暗冲，甲己溼土，子辰合水，火星初生。五行喜木火，忌金水。

本造溼木合日，揮之不去，糾纏不清。三十年南方火，甲己燥土，官印双清，丙午丁未，天覆地載，扶搖直上。

命例一八三　本例出自〈窮通寶鑑〉

食神　辛未　比肩

正財　壬辰　劫財

命主　己巳　正印

正官　甲子　偏財

己土生辰月。財官双透，甲己溼土，子辰合水，年日火星暗藏。五行喜木火，忌金水。

本造財多身弱，溼木合日。歲運東南，甲己燥土。

命例一八四　本例出自〈窮通寶鑑〉

比肩　己巳　正印
比肩　己巳　正印
命主　己巳　正印
劫財　戊辰　劫財

己土生巳月，火旺土相，建祿為格。土星四透，三坐祿神，時支歸庫。五行喜金水，忌木火。

命例一八五　本例出自〈窮通寶鑑〉

七殺　乙巳　正印
食神　辛巳　正印
命主　己巳　正印
食神　辛未　比肩

四柱全陰。己土生巳月，火旺土相。木土双透，食殺復冲，巳未拱午，三會疊逢，滴水全無，格取從強。五行喜木火，忌金水。

本造二辛，假從火格。

命例一八六　本例出自〈窮通寶鑑〉

七殺　乙丑　比肩
食神　辛巳　正印
命主　己巳　正印
傷官　庚午　偏印

己土生巳月，火旺土相，建祿為格。金木三透，食殺相沖，巳午重會，年支復合。五行喜金水，忌木火。丁丑丙子，乙庚化金。

命例一八七　本例出自〈窮通寶鑑〉

正印　丙申　傷官
偏財　癸巳　正印
命主　己亥　正財
七殺　乙亥　正財

己土生巳月，火旺土相，建祿為格。丙印高照，財殺通根日時，巳亥復冲，年祿合金。五行喜木火，忌金水。

本造女命。燥土建祿。火星得時，月令喜神，左冲右合。

命例一八八　本例出自〈窮通寶鑑〉

比肩　庚申　比肩

正印　己卯　正財

命主　庚寅　偏財

正官　丁丑　正印

庚金生卯月，木旺火相，正財為格。官印双透，乙庚復合，時支凍土，寅申暗冲。五行喜木火，忌金水。

命例一八九　本例出自〈窮通寶鑑〉

正印　己未　正印

比肩　庚午　正官

命主　庚戌　偏印

食神　壬午　正官

庚金生午月，火旺土相。印星高照，壬水虛懸，二丁合食，午刃火土四見，格取從官。五行喜木火，忌金水。

本造正官遍野。三見午未，真神之最。二庚假從火格。

命例一九〇　本例出自〈窮通寶鑑〉

正官　丁卯　正財

七殺　丙午　正官

命主　庚午　正官

正印　己卯　正財

庚金生午月，火旺土相。火土三透，通根二午，四柱水絕，格取從官。五行喜木火，忌金水。

本造官殺遍野。庚金假從火格。

己土生巳月，火旺土相，建祿為格。丙印高照，財殺通根日時，巳亥復冲，年祿合金。五行喜木火，忌金水。

本造女命。燥土建祿。火星得時，月令喜神，左冲右合。

命例一八八　本例出自〈窮通寶鑑〉

比肩　庚申　比肩
正印　己卯　正財
命主　庚寅　偏財
正官　丁丑　正印

庚金生卯月，木旺火相，正財為格。官印双透，乙庚復合，時支凍土，寅申暗冲。五行喜木火，忌金水。

命例一八九　本例出自〈窮通寶鑑〉

正印　己未　正印
比肩　庚午　正官

命主　庚戌　偏印
食神　壬午　正官

庚金生午月，火旺土相。印星高照，壬水虛懸，二丁合食，午刃火土四見，格取從官。五行喜木火，忌金水。

本造正官遍野。三見午未，真神之最。二庚假從火格。

命例一九〇　本例出自〈窮通寶鑑〉

正官　丁卯　正財
七殺　丙午　正官
命主　庚午　正官
正印　己卯　正財

庚金生午月，火旺土相。火土三透，通根二午，四柱水絕，格取從官。五行喜木火，忌金水。

本造官殺遍野。庚金假從火格。

命例一九一　本例出自〈窮通寶鑑〉

七殺　丙辰　偏印
正財　乙未　正印
命主　庚申　比肩
正官　丁亥　食神

庚金生未月，火土兩旺。丙丁双透，乙庚不化，申辰隔土，水祿合木。五行喜金水，忌木火。

本造官殺重出。財星合日，揮之不去，糾纏不清。正北方水，乙庚化金，申辰拱合。原例丁未月，丙辛年無丁未月。

命例一九二　本例出自〈窮通寶鑑〉

七殺　丙辰　偏印
正財　乙未　正印
命主　庚辰　偏印
傷官　癸未　正印

庚生未月未時。財殺双透，乙庚不化，癸水通根日支，二辰積少成多。五行喜金水，忌木火。

本造殺重身輕，煥熱難當。盛年戊戌，戊癸合，辰戌冲，假從火格。

命例一九三　本例出自〈窮通寶鑑〉

七殺　丙子　傷官

正官　丁酉　劫財

命主　庚子　傷官

七殺　丙子　傷官

庚金生酉月，金旺水相，月刃為格。官殺三透，二丙化水，丁火虛懸，子刃疊逢。五行喜木火，忌金水。

本造丙丁去一留一。金水傷官，干多不如支重。二殺合劫，刃旺身強。

命例一九四　本例出自〈窮通寶鑑〉

正印　己亥　食神

傷官　癸酉　劫財
命主　庚申　比肩
偏印　戊寅　偏財

庚金生酉月，金旺水相，月刃為格。印星双透，戊癸不化，水土通根年日，寅申六冲。五行喜木火，忌金水。

本造金水傷官，身強喜財官。歲運東南，戊癸化火。

命例一九五　本例出自〈窮通寶鑑〉

劫財　辛酉　劫財
偏印　戊戌　偏印
命主　庚申　比肩
偏財　甲申　比肩

庚金生戌月。金木三透，甲庚相冲，二申水星初生，偏印坐庫，月令喜神。五行喜木火，忌金水。

命主　庚申　比肩
比肩　庚辰　偏印

四柱全陽。庚金生子月，水旺木相。二食並透，復三合水，火星絕跡，格取從氣（金水之氣）。五行喜金水，忌木火。

本造真從水格。

命例二〇〇　本例出自〈窮通寶鑑〉

劫財　辛亥　食神
比肩　庚子　傷官
命主　庚辰　偏印
傷官　癸未　正印

庚金生子月，水旺木相，傷官為格。金水四透，子刃重合，時支未土，當仁不讓。五行喜木火，忌金水。

本造金水傷官，未土價值連城。中運南方，揚眉吐氣。

命例二〇一　本例出自〈窮通寶鑑〉

正財　乙卯　正財
偏印　戊子　傷官
命主　庚寅　偏財
偏印　戊寅　偏財

庚金生子月，水旺木相，傷官為格。財印三透，乙庚化金，癸水兩合戊土，日時二寅，妻子双美。五行喜木火，忌金水。

本造一子二印，三人同心。南方火土去病。

命例二〇二　本例出自〈窮通寶鑑〉

正官　丙辰　正印
劫財　庚寅　正財
命主　辛酉　比肩
偏印　己丑　偏印

辛金生寅月，木旺火相，正財為格。土金三透，丙辛化水，酉刃復合，火星初生。五行喜木火，忌金水。

本造初春丑時。月令喜神。甲午乙未，丙辛不化。

命例二〇三　本例出自〈窮通寶鑑〉

偏印　己未　偏印
七殺　丁卯　偏財
命主　辛巳　正官
偏印　己亥　傷官

四柱陰盛。辛金生卯月，木旺火相，偏財為格。火土三透，乙辛對峙，水祿冲合。五行喜金水，忌木火。

命例二〇四　本例出自〈窮通寶鑑〉

正財　甲午　七殺
七殺　丁卯　偏財
命主　辛未　偏印

偏印　己亥　傷官

辛金生卯月，木旺火相，偏財為格。財殺並透，甲己燥土，乙辛相冲，日支復合。五行喜金水，忌木火。

本造財生殺旺。年干擠眉弄眼，偏印坐祿，三合木局，溼土不免反覆。

命例二〇五　本例出自〈窮通寶鑑〉

正財　甲寅　正財

比肩　辛未　偏印

命主　辛未　偏印

七殺　丁酉　比肩

辛金生未月，火土兩旺。財殺双透，年日為虎作倀，四柱水絕，酉刃幫身。五行喜金水，忌木火。

命例二〇六　本例出自〈窮通寶鑑〉

七殺　丁卯　偏財

偏印　己酉　比肩
命主　辛亥　傷官
傷官　壬辰　正印

辛金生酉月，金旺水相，月刃為格。水土双透，殺星無根，丁壬不化，祿庫重逢，酉刃冲合。五行喜木火，忌金水。丁未丙午，平步青雲。

命例二〇七　本例出自〈窮通寶鑑〉

正官　丙寅　正財
偏印　己丑　偏印
命主　辛丑　偏印
正印　戊子　食神

辛金生丑月，水土兩旺。土金三透，丙辛化水，子丑重合，火星初生。五行喜木火，忌金水。甲午乙未，福祿並臻。

本造丑月子時。身強喜財官。生冬至後，年柱丙寅，陽男，大運順行。

命例二〇八　本例出自〈窮通寶鑑〉

正官　丙辰　正印
偏印　己丑　偏印
命主　辛未　偏印
七殺　丁酉　比肩

辛金生丑月，水土兩旺。官殺双透，丙辛化水，時支復合，丑未六冲。五行喜木火，忌金水。

本造辛金制丙，官不助殺。甲午乙未，二火並留，名利双收。生冬至後，年柱丙辰，陽男，大運順行。

命例二〇九　本例出自〈窮通寶鑑〉

偏財　乙酉　比肩
七殺　丁丑　偏印
命主　辛卯　偏財
偏印　己亥　傷官

四柱陰盛，潛沉內剛執。辛金生丑月，水土兩旺。土金双透，乙辛暗冲，殺星虛懸，酉丑亥卯對峙。五行喜木火，忌金水。

本造身強喜財官。生冬至後，年柱乙酉，陰男，大運逆行。

命例二一〇　本例出自〈窮通寶鑑〉

比肩　壬申　偏印

食神　甲辰　七殺

命主　壬辰　七殺

食神　甲辰　七殺

四柱全陽，心直口快。壬水生辰月。水木四透，申辰疊見，丙丁絕跡，格取從旺。五行喜金水，忌木火。戊申己酉，一反頹勢。

本造二甲，假從水格。

命例二一一　本例出自〈窮通寶鑑〉

正財　丁酉　正印

偏財　丙午　正財
命主　壬寅　食神
食神　甲辰　七殺

壬水生午月，火旺土相，正財為格。丙丁競透，三財制水，甲己燥土，寅午合火，時支歸庫。五行喜金水，忌木火。辛丑庚子，年干溼木，辰酉久別重逢。

命例二一二　本例出自〈窮通寶鑑〉

正印　辛酉　正印
正財　丁酉　正印
命主　壬辰　七殺
比肩　壬寅　食神

壬水生酉月，金旺水相，正印為格。金水三透，二壬爭財，辰酉復合，火星初生。五行喜木火，忌金水。

本造丁火就我，不美比肩想入非非。歲運東南，高枕無憂。

命例二一三　本例出自〈窮通寶鑑〉

比肩　壬子　劫財
正官　己酉　正印
命主　壬子　劫財
偏印　庚戌　七殺

壬水生酉月，金旺水相，正印為格。水土三透，通根二子，時支火庫。五行喜木火，忌金水。

命例二一四　本例出自〈窮通寶鑑〉

偏印　庚午　正財
傷官　乙酉　正印
命主　壬子　劫財
食神　甲辰　七殺

壬水生酉月，金旺水相，正印為格。食傷双透，庚辛冲合，水局兩見，年支午刃。五行喜木火，忌金水。

本造酉月化金。子辰合，解子午暗沖。

命例二一五　本例出自〈窮通寶鑑〉

偏財　丙寅　食神

七殺　戊戌　七殺

命主　壬戌　七殺

正印　辛丑　正官

壬水生戌月。財殺並透，壬丙暗沖，火局重見，時柱辛丑，妙筆生花。五行喜金水，忌木火。少運北方，丙辛合化，眾星拱月。

命例二一六　本例出自〈窮通寶鑑〉

比肩　壬寅　食神

比肩　壬子　劫財

命主　壬寅　食神

比肩　壬寅　食神

四柱全陽，胸無城府。壬水生子月，水旺木相，月刃為格。冬水四透，得時得勢，三寅烏合之眾。五行喜木火，忌金水。

本造身強喜財，得火二用。三個臭皮匠，聊勝諸葛亮。

命例二一七　本例出自〈窮通寶鑑〉

傷官　甲寅　傷官

偏財　丁卯　食神

命主　癸卯　食神

食神　乙卯　食神

癸水生卯月，木旺火相。甲乙双透，癸丁相冲，寅卯四見，格取從食。五行喜木火，忌金水。

本造女命。春水微伏，假從火格。

命例二一八　本例出自〈窮通寶鑑〉

偏財　丁亥　劫財

比肩　癸卯　食神
命主　癸卯　食神
比肩　癸丑　七殺

四柱全陰。癸水生卯月，木旺火相，食神為格。財星高照，三癸冲丁，時支凍土，木局洩旺。五行喜木火，忌金水。

本造丁火無根。春水退氣，黨眾反強。

命例二一九　本例出自〈窮通寶鑑〉

偏印　辛卯　食神
劫財　壬辰　正官
命主　癸未　七殺
正財　丙辰　正官

癸水生辰月。劫印双透，冲合丙火，水庫重見，日支未土。五行喜木火，忌金水。

命例二二〇　本例出自〈窮通寶鑑〉

偏財　丁酉　偏印
傷官　甲辰　正官
命主　癸亥　劫財
偏印　辛酉　偏印

癸水生辰月。水火双透，癸丁暗冲，傷官兩見溼木，辰酉復合，格取從旺。五行喜金水，忌木火。

本造癸丁冲，假從水格。

命例二二一　本例出自〈窮通寶鑑〉

正財　丙寅　傷官
劫財　壬辰　正官
命主　癸巳　正財
傷官　甲寅　傷官

癸水生辰月。木火双透，壬丙相冲，地支三見燥土，月令喜神。五行喜金水，忌木火。

命例二二二　本例出自〈窮通寶鑑〉

正官　戊午　偏財
正財　丙辰　正官
命主　癸丑　七殺
偏印　辛酉　偏印

癸水生辰月。火土双透，丙辛戊癸對峙，時支重合，年支午刃。五行喜木火，忌金水。

本造丙辛化水。少運午未，財官並美，戊癸化火。

命例二二三　本例出自〈窮通寶鑑〉

傷官　甲辰　正官
七殺　己巳　正財
命主　癸酉　偏印

偏印　辛酉　偏印

癸水生巳月，火旺土相，正財為格。殺印双透，甲己溼土，二酉重合年月。五行喜木火，忌金水。

本造月令喜神，金刃作祟。歲運東南，甲己燥土。

命例二二四　本例出自〈窮通寶鑑〉

七殺　己未　七殺
偏印　辛未　七殺
命主　癸未　七殺
正財　丙辰　正官

癸水生未月，火土兩旺。財殺競透，丙辛不化，未土三見，時支歸庫。五行喜金水，忌木火。

命例二二五　本例出自〈窮通寶鑑〉

偏印　辛酉　偏印

正財　丙申　正印
命主　癸酉　偏印
偏印　辛酉　偏印

癸水生申月，金旺水相。財印三透，二辛制丙，申酉四見，格取化水。五行喜金水，忌木火。

本造真化，不過秋金生水。歲運東南，丙辛去一留一，小病。

命例二二六　本例出自〈窮通寶鑑〉

正印　庚寅　傷官
食神　乙酉　偏印
命主　癸亥　劫財
正財　丙辰　正官

癸水生酉月，金旺水相，偏印為格。木火双透，乙庚丙辛助日，食印相沖，辰酉合水，祿庫重逢，年支洩旺。五行喜木火，忌金水。

命例二三七　本例出自〈窮通寶鑑〉

比肩　癸亥　劫財
劫財　壬戌　正官
命主　癸卯　食神
傷官　甲寅　傷官

癸水生戌月。三水併透，兩遇火局，年支復合。五行喜金水，忌木火。

本造壬癸三透，干多不如支重。中運丁巳，一財三水，從火。癸丁冲，假從。

原例丙戌月，戊癸年無丙戌月。

命例二三八　本例出自〈窮通寶鑑〉

比肩　癸卯　食神
比肩　癸亥　劫財
命主　癸丑　七殺
比肩　癸亥　劫財

四柱全陰。癸水生亥月，水旺木相，建祿為格。四癸併透，二子夾拱，復三會水，丙丁絕跡，木刃重合。五行喜木火，忌金水。

本造無財（無火）。己未戊午，小草逢春，欣欣向榮。

命例二二九　本例出自〈滴天髓補註〉

偏財　**丙子**　**劫財**

比肩　**壬辰**　**七殺**

命主　**壬申**　**偏印**

傷官　**乙巳**　**偏財**

壬水生辰月。水火三透，二壬冲丙，日支重合。五行喜木火，忌金水。少運南方，甲午乙未，左右逢源。

本造身強喜財，二火一冲一合，時支不能損去。

命例二三〇　本例出自〈滴天髓補註〉

偏財　**己酉**　**七殺**

七殺　**辛未**　**偏財**

命主　乙未　偏財
偏財　己卯　比肩

四柱陰盛，潛沉內剛執。乙木生未月，火土兩旺。偏財双透，乙辛相冲，未土重合，滴水全無，年支酉刃。五行喜金水，忌木火。

本造金刃，從化不成。木局復合，解卯酉暗冲。

命例二三一　本例出自〈滴天髓補註〉

劫財　壬寅　傷官
偏印　辛丑　七殺
命主　癸丑　七殺
比肩　癸丑　七殺

癸生丑月丑時。金水四透，通根三丑，年支曉春生意。五行喜木火，忌金水。乙未甲午，福祿堪誇。

本造女命。生冬至後，年柱壬寅，陽女，大運逆行。

命例二三二　本例出自〈滴天髓補註〉

傷官　壬子　食神
劫財　庚戌　正印
命主　辛巳　正官
傷官　壬辰　正印

辛金生戌月。傷官双透，水庫冲合，日支火祿。五行喜木火，忌金水。

本造月令喜神。子刃冷眼旁觀，辰戌暗冲，轉取火祿，心無旁騖。大運癸丑，巳丑合金，假從水格。

命例二三三　本例出自〈滴天髓補註〉

比肩　辛巳　正官
偏印　己亥　傷官
命主　辛巳　正官
偏印　己亥　傷官

四柱陰盛。辛金生亥月，水旺木相，傷官為格。土金四透，火祿重見，二水緊追不捨。五行喜木火，忌金水。

本造四冲局，不能損去。大運丙申一變，乙未甲午一常，三十年福星高照。

命例二三四　本例出自〈滴天髓補註〉

正印　辛亥　比肩

正官　己亥　比肩

命主　壬午　正財

正印　辛亥　比肩

壬水生亥月，水旺木相，建祿為格。水土双透，三見祿神，日支午刃。五行喜木火，忌金水。

命例二三五　本例出自〈滴天髓補註〉

七殺　甲午　正印

比肩　戊辰　比肩

命主　戊申　食神

正印　丁巳　偏印

戊土生辰月。殺印双透，火土通根年刃，日支復合。五行喜金水，忌木火。

本造月令喜神。正南方火，巳午天涯咫尺。壬申癸酉，金清水秀。

命例二三六　本例出自〈滴天髓補註〉

劫財　辛酉　劫財

七殺　丙申　比肩

命主　庚子　傷官

七殺　丙戌　偏印

庚金生申月，金旺水相，建祿為格。殺星双透，丙辛申子疊合，時支火庫。五行喜木火，忌金水。

本造金水食傷。二殺合劫，刃旺身強。

命例二三七　本例出自〈滴天髓補註〉

食神　甲申　偏印

偏財　丙寅　食神
命主　壬申　偏印
偏印　庚子　劫財

四柱全陽。壬水生寅月，木旺火相，食神為格。金水双透，甲庚壬丙對峙，二申冲寅，時支復合。五行喜木火，忌金水。

本造寅月餘寒。月令喜神復冲。春水退氣，黨眾反強。

命例二三八　本例出自〈滴天髓補註〉

七殺　癸未　食神
正官　壬戌　傷官
命主　丁未　食神
傷官　戊申　正財

丁火生戌月。官殺双透，壬癸三遇冲合，未土重見，時支申祿。五行喜金水，忌木火。歲運西北，不化。

命例二三九　本例出自〈滴天髓補註〉

偏財　壬戌　比肩

劫財　己酉　傷官

命主　戊戌　比肩

正官　乙卯　正官

戊土生酉月，金旺水相，傷官為格。木土三透，壬水無根，乙辛相冲，卯戌復合。五行喜金水，忌木火。

本造土金傷官，木生火旺，日干轉強。壬子癸丑及時雨，天覆地載。火局解卯酉暗冲，時干摩拳擦掌。

命例二四〇　本例出自〈滴天髓補註〉

正印　辛未　正官

正印　辛卯　傷官

命主　壬辰　七殺

正官　己酉　正印

壬水生卯月，木旺火相，傷官為格。官印三透，乙辛双冲，辰酉合水，年支未土。五行喜木火，忌金水。

本造春水傷官，身旺喜財。水局解卯酉暗冲，二辛不留情面。

命例二四一　本例出自〈滴天髓補註〉

正官　癸酉　正財
傷官　己未　傷官
命主　丙午　劫財
正官　癸巳　比肩

丙火生未月，火土兩旺。官傷併透，二癸無根，三會南方。五行喜金水，忌木火。癸丑壬子，苦盡甘來。

命例二四二　本例出自〈滴天髓補註〉

正官　壬申　正財
比肩　丁未　食神

命主　丁未　食神
食神　己酉　偏財

丁火生未月，火土兩旺。官食並透，二丁爭合，未土重見，水星初生。五行喜金水，忌木火。

本造壬水長生，未月化木。火土食神，燥不可當。六十年金水，四十年喜用天覆地載，無往不利。

命例二四三　本例出自〈滴天髓補註〉

正印　甲子　七殺
正印　甲戌　傷官
命主　丁未　食神
正印　甲辰　傷官

丁火生戌月。木星三透，辰戌暗冲，日支未土，年支水刃。五行喜金水，忌木火。歲運西北，子辰形影不離。

命例二四四　本例出自〈滴天髓補註〉

劫財　戊寅　正官

傷官　庚申　傷官

命主　己丑　比肩

正官　甲子　偏財

己土生申月，金旺水相，傷官為格。官傷双透，甲木申祿，冲合四見，子丑溼土。五行喜木火，忌金水。

本造申月餘暑。土金傷官，得火二用。歲運東南，燥木合日，官印双清。

命例二四五　本例出自〈滴天髓補註〉

正印　甲午　比肩

傷官　戊辰　傷官

命主　丁未　食神

正官　壬寅　正印

丁火生辰月。官傷双透，丁壬化木，午刃重合，月令喜神。五行喜金水，忌木火。壬申癸酉，大遂所願。

命例二四六　本例出自〈滴天髓補註〉

七殺　戊戌　七殺

正印　辛酉　正印

命主　壬寅　食神

正印　辛丑　正官

壬水生酉月，金旺水相，正印為格。辛金双透，時支凍土，七殺坐庫，寅戌拱合。五行喜木火，忌金水。

命例二四七　本例出自〈滴天髓補註〉

正財　壬午　偏印

傷官　庚戌　劫財

命主　己酉　食神

傷官　庚午　偏印

己土生戌月。燥金双透，壬水虛懸，二午復合。五行喜金水，忌木火。

命例二四八　本例出自〈滴天髓補註〉

偏財　丁酉　偏印
劫財　壬子　比肩
命主　癸亥　劫財
劫財　壬子　比肩

癸水生子月，水旺木相。劫財双透，丁火五遇壬癸，亥子復會，真從旺格（從水）。五行喜金水，忌木火。

本造三癸冲丁，二壬合財，心服口服。大忌南方，丁火通根，一落千丈。

命例二四九　本例出自〈滴天髓補註〉

七殺　庚寅　比肩
偏財　戊寅　比肩
命主　甲戌　偏財

食神　丙寅　比肩

四柱全陽。甲木生寅月，木旺火相。火土並透，甲庚暗冲，寅戌疊見，滴水全無，格取從食。五行喜木火，忌金水。

本造庚金，假從火格。

命例二五〇　本例出自〈滴天髓補註〉

正財　癸亥　偏財

七殺　甲子　正財

命主　戊戌　比肩

正財　癸丑　劫財

戊土生子月，水旺木相，月刃為格。財星双透，三癸爭合，甲己溼土，亥子丑會北方，日支火庫。五行喜木火，忌金水。

本造子月丑時。溼土月刃。三娘教子，地凍天寒。五陽劫財合殺，運喜助身。己未戊午，二癸化火。

命例二五一　本例出自〈滴天髓補註〉

食神　己亥　正官
劫財　丙子　七殺
命主　丁卯　偏印
正財　庚子　七殺

丁火生子月，水旺木相，七殺為格。土金双透，丙丁虛懸，二癸冲日，亥子復會。五行喜木火，忌金水。

本造財生殺旺。丙丁去一留一，辛未庚午，通根。

命例二五二　本例出自〈滴天髓補註〉

食神　己未　食神
比肩　丁卯　偏印
命主　丁巳　劫財
正財　庚子　七殺

丁火生卯月，木旺火相，偏印為格。火土三透，通根年日，乙庚不化，時支水刃。五行喜金水，忌木火。

命例二五三　本例出自〈滴天髓補註〉

食神　丙子　正印
劫財　乙未　正財
命主　甲寅　比肩
偏印　壬申　七殺

甲木生未月，火土兩旺。木星双透，壬丙寅申相冲，年支水刃。五行喜金水，忌木火。歲運西北，申子合印。

命例二五四　本例出自〈滴天髓補註〉

食神　庚申　食神
食神　庚辰　比肩
命主　戊辰　比肩
比肩　戊午　正印

四柱全陽。戊土生辰月。庚金双透，申祿復合，二土歸刃時支。五行喜木火，忌金水。

本造土金食神，得火二用。

命例二五五　本例出自〈滴天髓補註〉

偏財	癸卯	七殺
正印	丙辰	劫財
命主	己卯	七殺
正財	壬申	傷官

己土生辰月。財星双透，壬丙暗冲，申辰拱水，二卯生火。五行喜木火，忌金水。

命例二五六　本例出自〈滴天髓補註〉

劫財	戊戌	劫財
正官	甲子	偏財

命主　己巳　正印
劫財　戊辰　劫財

己土生子月，水旺木相，月刃為格。木土四透，甲己重化，二劫一癸，子辰合水，祿庫重逢。五行喜木火，忌金水。

本造五陰月刃合官。身弱喜印。

命例二五七　本例出自〈滴天髓補註〉

正財　辛卯　正印
偏財　庚寅　偏印
命主　丙戌　食神
傷官　己丑　傷官

丙火生寅月，木旺火相，偏印為格。財星双透，丙辛不化，火局重見，時支凍土。五行喜金水，忌木火。

本造寅月餘寒。二木化火，身強喜財官。原例乙丑時，丙辛日無乙丑時。

命例二五八　本例出自〈滴天髓補註〉

劫財　辛卯　正財
偏財　甲午　正官
命主　庚寅　偏財
七殺　丙子　傷官

庚金生午月，火旺土相，正官為格。金星双透，丙辛不化，偏財冲日，甲己燥土，寅午合火，時支水刃。五行喜金水，忌木火。

本造官殺並見。五陽劫財合殺，運喜助身。寅午合，解子午暗冲。

命例二五九　本例出自〈滴天髓補註〉

比肩　辛卯　偏財
偏財　乙未　偏印
命主　辛酉　比肩
劫財　庚寅　正財

辛金生未月，火土兩旺。庚辛三透，不敵一木，四柱水絕，酉金孤立無援，格取從財。五行喜木火，忌金水。

本造木局解卯酉暗冲。月時夾殺，假從火格。

命例二六〇　本例出自〈滴天髓補註〉

七殺　癸巳　劫財

比肩　丁巳　劫財

命主　丁卯　偏印

劫財　丙午　比肩

丁火生巳月，火旺土相。比劫競透，二丁制殺，巳午復會，格取從旺。五行喜木火，忌金水。

本造癸丁冲，假從火格。

命例二六一　本例出自〈滴天髓補註〉

比肩　丁巳　劫財

比肩　丁未　食神

命主　丁卯　偏印
七殺　癸卯　偏印
四柱全陰。丁火生未月，火土兩旺。水火四透，癸丁疊逢，巳未拱午，三會南方，格取從旺。五行喜木火，忌金水。
本造七殺逢冲，假從火格。

命例二六二　本例出自〈滴天髓補註〉
七殺　壬申　偏財
正財　辛亥　七殺
命主　丙午　劫財
偏財　庚寅　偏印
丙火生亥月，水旺木相，七殺為格。財殺三透，年月制丙，時支冲合疊見，妻子双美。五行喜木火，忌金水。壬子癸丑，地凍天寒。運轉東南，丙辛不化，大得際遇。

命例二六三　本例出自〈滴天髓補註〉

正財　己未　正財

七殺　庚午　傷官

命主　甲辰　偏財

偏印　壬申　七殺

甲木生午月，火旺土相，傷官為格。財殺並透，日干冲合疊見，丁傷制印，午未燥土，申辰拱水，妻子双美。五行喜金水，忌木火。

命例二六四　本例出自〈子平粹言〉

偏印　甲辰　食神

正財　辛未　傷官

命主　丙戌　食神

偏印　甲午　劫財

丙火生未月，火土兩旺。甲木双透，丙辛不化，午刃重合，年支水庫。五行喜金水，忌木火。

本造未月午時。身強喜財官。壬申癸酉，丙辛化水，獨占鰲頭。午戌合，解辰戌暗冲。

命例二六五　本例出自〈子平粹言〉

劫財　丁丑　傷官
偏財　庚戌　食神
命主　丙午　劫財
偏財　庚寅　偏印

丙火生戌月。火星双透，寅午戌合，偏財通根年支。五行喜金水，忌木火。

命例二六六　本例出自〈子平粹言〉

傷官　己亥　七殺
正印　乙丑　傷官
命主　丙辰　食神
食神　戊戌　食神

丙火生丑月，水土兩旺。食傷双透，印星兩見溼木，亥丑拱子，三會北方，辰戌六冲。五行喜木火，忌金水。

本造溼土得時勢地。時支逢冲，丙火不能損去。盛年壬戌，壬丙辰戌，假從水格。辛酉運去合丙辰，火庫一線生機，從化不成。生冬至後，年柱己亥，陰男，大運逆行。

命例二六七　本例出自〈子平粹言〉

比肩　丁未　食神
比肩　丁未　食神
命主　丁未　食神
比肩　丁未　食神

四柱陰盛。丁生未月未時。四丁未，金水双絕，真從氣格（火土之氣）。五行喜木火，忌金水。

本造從火。氣偏南方，大軍壓境，精銳盡出。

命例二六八　本例出自〈子平粹言〉

正官　壬辰　傷官
偏印　乙巳　劫財
命主　丁卯　偏印
劫財　丙午　比肩

丁火生巳月，火旺土相，建祿為格。劫印双透，丙丁冲合正官，巳午會火，年支水庫。五行喜金水，忌木火。

命例二六九　本例出自〈子平粹言〉

劫財　己未　劫財
劫財　己巳　偏印
命主　戊午　正印
正官　乙卯　正官

戊土生巳月，火旺土相。木土四透，二劫拱午，復三會火，滴水全無，真從強格。五行喜木火，忌金水。

本造從火。丁卯丙寅，神采飛揚。北方水木，起倒無常。

命例二七〇　本例出自〈子平粹言〉

傷官　辛亥　偏財
七殺　甲午　正印
命主　戊子　正財
劫財　己未　劫財

戊土生午月，火旺土相，月刃為格。劫殺双透，甲己重化，時令冲合，年祿三心二意。五行喜金水，忌木火。

本造午月未時。燥土月刃。二劫合殺，運喜助財。中運北方，亥子會水，大遂所願。

命例二七一　本例出自〈子平粹言〉

食神　庚申　食神
正印　丁丑　劫財

命主　戊子　正財

劫財　己未　劫財

戊土生丑月，水土兩旺。土金双透，丁火尅洩交加，子刃復合，時柱己未。五行喜木火，忌金水。

本造子丑合，解丑未暗冲。生冬至後，年柱庚申，陽男，大運順行。

命例二七二　本例出自〈子平粹言〉

正印　庚辰　正官

偏財　丁丑　七殺

命主　癸丑　七殺

食神　乙卯　食神

癸水生丑月，水土兩旺。財印双透，乙庚化金，癸丁相冲，年日雪上加霜，時支木刃。五行喜木火，忌金水。

本造卯時，從化破格。生冬至後，年柱庚辰，陽男，大運順行。

命例二七三　本例出自〈子平粹言〉

傷官　壬辰　正印
比肩　辛亥　傷官
命主　辛亥　傷官
正官　丙申　劫財

辛金生亥月，水旺木相。丙火高照，三遇冲合，傷官通根四支，真化水格。五行喜金水，忌木火。幼少北方，天之驕子。運轉東南，丙辛不化，變真為假。

命例二七四　本例出自〈子平粹言〉

劫財　壬午　偏財
正財　丙午　偏財
命主　癸巳　正財
傷官　甲寅　傷官

癸水生午月，火旺土相。木火双透，二水虛懸，丙丁疊逢，甲己兩合燥土，方局四見，格取從財（從火）。五行喜木火，忌金水。

本造二丁合劫，癸水變真為假。

命例二七五　本例出自〈子平粹言〉

食神　戊戌　食神
傷官　己未　傷官
命主　丙子　正官
偏財　庚寅　偏印

丙火生未月，火土兩旺。食傷（燥土）双透，寅戌拱合，日支水刃。五行喜金水，忌木火。

命例二七六　本例出自〈子平粹言〉

偏印　丙戌　比肩
正財　癸巳　偏印
命主　戊午　正印
正印　丁巳　偏印

戊土生巳月，火旺土相。丙丁競出，財星合日，方局三見，真化火格。五行喜木火，忌金水。盛年西北，癸水通根，破化，顛倒不免。

命例二七七　本例出自〈子平粹言〉

劫財　丙午　比肩
正財　庚寅　正印
命主　丁酉　偏財
正官　壬寅　正印

丁火生寅月，木旺火相。丙丁双透，冲合壬水，寅午復見，酉金孤掌難鳴，格取從旺。五行喜木火，忌金水。

本造日支夾殺，假從火格。

命例二七八　本例出自〈子平粹言〉

正官　丙子　食神
偏印　己亥　傷官

命主　辛卯　偏財
劫財　庚寅　正財

辛金生亥月，水旺木相，傷官為格。土金三透，丙辛化水，時令疊合。五行喜木火，忌金水。晚歲南方，丙午丁未，美不可言。

命例二七九　本例出自〈子平粹言〉

比肩　庚午　正官
正財　乙酉　劫財
命主　庚寅　偏財
正官　丁丑　正印

庚金生酉月，金旺水相，月刃為格。財官双透，乙木三遇庚辛，時支凍土，寅午合火。五行喜木火，忌金水。

命例二八〇　本例出自〈子平粹言〉

傷官　己巳　比肩

食神　戊辰　食神
命主　丙申　偏財
偏印　甲午　劫財

丙火生辰月。木火双透，甲己燥土，時歸午刃，申祿復合。五行喜金水，忌木火。

本造月令喜神。丁卯丙寅，巳午會火。運轉北方，甲己溼土。

命例二八一　本例出自〈子平粹言〉

七殺　癸未　食神
偏印　乙卯　偏印
命主　丁巳　劫財
正印　甲辰　傷官

丁火生卯月，木旺火相，偏印為格。木星双透，癸丁暗冲，年日燥土，時支歸庫。五行喜金水，忌木火。癸丑壬子，官殺天透地藏，春風得意。

命例二八二　本例出自〈子平粹言〉

比肩　壬辰　七殺

正印　辛亥　比肩

命主　壬子　劫財

比肩　壬寅　食神

壬水生亥月，水旺木相，建祿為格。冬水三透，子刃重合，寅木一枝獨秀。五行喜木火，忌金水。晚歲南方，三十年火土天覆地載，倒吃甘蔗。

命例二八三　本例出自〈子平粹言〉

偏財　丙申　偏印

比肩　壬辰　七殺

命主　壬子　劫財

傷官　乙巳　偏財

壬水生辰月。水木三透，二壬冲丙，申祿復合。五行喜木火，忌金水。

命例二八四　本例出自〈子平粹言〉

劫財　癸巳　偏財

偏財　丙辰　七殺

命主　壬寅　食神

偏財　丙午　正財

壬水生辰月。偏財双透，壬丙復沖，午刃重合，劫財通根水庫，月令喜神。五行喜金水，忌木火。癸丑壬子，大得際遇。

命例二八五　本例出自〈子平粹言〉

劫財　己酉　傷官

偏印　丙子　正財

命主　戊辰　比肩

正財　癸亥　偏財

戊土生子月，水旺木相，月刃為格。溼土双透，丙印無根，二癸合日，三見水局。五行喜木火，忌金水。

本造溼土月刃。二癸爭合，旺水沖奔，丙火不能損去。盛年壬申，壬丙沖，假從水格（一變）。辛未庚午通根，時干化火（一常）。

命例二八六　本例出自〈子平粹言〉

比肩　壬申　偏印
正印　辛丑　正官
命主　壬申　偏印
七殺　戊申　偏印

壬水生丑月，水土兩旺。土金水四透，通根四支，木火双絕，格取從強。五行喜金水，忌木火。

本造溼木絕跡，真從水格。生冬至後，年柱壬申，陽男，大運順行。

命例二八七　本例出自〈子平粹言〉

正官　癸未　傷官
偏財　庚申　偏財

命主　丙申　偏財
傷官　己亥　七殺

丙火生申月，金旺水相，偏財為格。官傷双透，庚金通根二申，時支歸祿，年支未土。五行喜木火，忌金水。

命例二八八　本例出自〈子平粹言〉

劫財　癸酉　正印
正印　辛酉　正印
命主　壬寅　食神
比肩　壬寅　食神

壬水生酉月，金旺水相，正印為格。金水四透，酉刃重見，日時二寅，妻子双美。五行喜木火，忌金水。少運南方，己未戊午，財源滾滾。

命例二八九　本例出自〈子平粹言〉

正官　癸酉　正財

偏財　庚申　偏財
命主　丙子　正官
比肩　丙申　偏財

丙火生申月，金旺水相，偏財為格。財官双透，二丙虛懸，申子重合。五行喜木火，忌金水。

本造二丙不能損去。古稀之年，壬子辛亥，從水，一假一真，槓上開花。

命例二九〇　本例出自〈子平粹言〉

正財　辛未　傷官
傷官　己亥　七殺
命主　丙午　劫財
食神　戊戌　食神

丙火生亥月，水旺木相，七殺為格。火土三透，丙辛不化，午刃復合，月令喜神，拱木轉弱。五行喜金水，忌木火。

命例二九一　本例出自〈子平粹言〉

正財　乙酉　劫財
比肩　庚辰　偏印
命主　庚辰　偏印
正財　乙酉　劫財

庚金生辰月。財星双透，乙庚辰酉，丙丁絕跡，格取從氣（金水之氣）。五行喜金水，忌木火。

本造二乙化金，真從水格。

命例二九二　本例出自〈子平粹言〉

偏財　丁丑　七殺
偏印　辛丑　七殺
命主　癸亥　劫財
食神　乙卯　食神

四柱全陰。癸水生丑月，水土兩旺。木火双透，乙辛癸丁暗沖，亥丑拱子，復三會水，時支洩旺。五行喜木火，忌金水。乙未甲午，偏財通根，老當益壯。

本造生冬至後，年柱丁丑，陰男，大運逆行。

命例二九三　本例出自〈子平粹言〉

正財　丁亥　比肩

正財　丁未　正官

命主　壬戌　七殺

劫財　癸卯　傷官

壬水生未月，火土兩旺。二丁競透，壬癸束手就擒，時支復合，格取從財。五行喜木火，忌金水。晚歲北方，助破，疲於奔命。

本造二財爭日，多多益善。癸水冲丁，假從火格。

命例二九四　本例出自〈子平粹言〉

劫財　丙子　七殺

正財　庚寅　正印

命主　丁丑　食神
劫財　丙午　比肩

丁火生寅月，木旺火相，正印為格。丙丁三透，寅午合火，財星通根日支，子丑溼土。五行喜金水，忌木火。

本造寅月餘寒。身強喜財官。

命例二九五　本例出自〈子平粹言〉

比肩　辛亥　傷官
傷官　壬辰　正印
命主　辛酉　比肩
傷官　壬辰　正印

辛金生辰月。傷官双透，祿庫疊逢，酉刃復合，丙丁絕跡，格取從氣（金水之氣）。五行喜金水，忌木火。

本造溼木，真從水格。

命例二九六　本例出自〈子平粹言〉

比肩　辛未　偏印
偏印　己丑　偏印
命主　辛卯　偏財
正印　戊子　食神

辛金生丑月，水土兩旺。土金四透，時令冲合。五行喜木火，忌金水。

本造丑月子時。身強喜財官。生冬至後，年柱辛未，陰男，大運逆行。

命例二九七　本例出自〈子平粹言〉

正官　庚戌　正財
比肩　乙酉　七殺
命主　乙酉　七殺
比肩　乙酉　七殺

乙木生酉月，金旺水相，七殺為格。金木四透，三乙坐殺，庚辛冲合，年支火庫。五行喜木火，忌金水。

本造官殺並見，得時勢地。三乙四遇庚辛，酉月化金。戌中丁火，制殺無功，不能損去。辰酉合，解二庫冲，過門不入。五行水絕，盛年北方，一無是處，諸多牽制，左右為難。先賢陳素庵說：「人命須合財官印食取用。」

命例二九八　本例出自〈子平粹言〉

比肩　甲子　正印
食神　丙寅　比肩
命主　甲申　七殺
正官　辛未　正財

甲木生寅月，木旺火相，建祿為格。官食兩透，丙辛不化，寅申六冲，日干通根未土，年支水刃。五行喜金水，忌木火。

本造春月餘寒。木火食神，得水二用。歲運西北，丙辛申子合化。

命例二九九　本例出自〈子平粹言〉

正財　壬戌　劫財

食神　辛丑　比肩
命主　己酉　食神
七殺　乙丑　比肩

己生丑月丑時。水土双透，乙辛暗冲，酉刃復合，年支火庫。五行喜木火，忌金水。

本造土金食神，得火二用。生冬至後，年柱壬戌，陽男，大運順行。

命例三〇〇　本例出自〈子平粹言〉

食神　甲寅　食神
劫財　癸酉　正印
命主　壬戌　七殺
偏印　庚子　劫財

壬水生酉月，金旺水相，正印為格。金水三透，通根二刃，甲庚暗冲，寅戌拱合。五行喜木火，忌金水。

命例三〇一　本例出自〈子平粹言〉

偏印　丁亥　正財

食神　辛亥　正財

命主　己亥　正財

正官　甲子　偏財

己土生亥月，水旺木相，建祿為格。土金双透，溼木合日，丁火無根，三亥會子。五行喜木火，忌金水。

本造溼土建祿。時支歸刃，旺水汪洋。丁未丙午，甲己燥土，一改頹勢。

命例三〇二　黃先生
正財　癸巳　偏印
正官　乙卯　正官
命主　戊寅　七殺
正財　癸亥　偏財
8甲寅　18癸丑　28壬子　38辛亥　48庚戌　58己酉　68戊申　78丁未　88丙午

戊土生卯月，木旺火相，正官為格。木土双透，二財化印，時支水祿，冲合疊見。五行喜金水，忌木火。

乙卯甲寅，木星生火，艱辛不免。十八歲正北方水，癸丑壬子，反制忌神，情財兩遂。三十八歲辛亥庚戌，官殺助旺，火庫重合，掣肘。五十八歲己酉戊申，土金潤澤，老當益壯。七十八歲丁未丙午，南方火土，來勢洶洶。

今年乙未，虛齡六十三，己酉運。

本造二癸受制，身強喜財，歲運西北，双透之妙。時支家大業大，化火破格。六十年金水，四十年喜用天覆地載。命好不如運好，此造也。

命例三〇三　王小姐

偏印　乙未　食神

劫財　丙子　七殺

命主　丁巳　劫財

劫財　丙午　比肩

4丁丑　14戊寅　24己卯　34庚辰　44辛巳　54壬午　64癸未　74甲申　84乙酉

丁火生子月，水旺木相，七殺為格。木火四透，三會南方，月令真神，癸丁相冲。五行喜金水，忌木火。

幼年子丑，溼土合，掌上明珠。十四歲戊寅己卯，燠熱。三十四歲庚辰，偏印化財，水庫助殺，稱心快意。四十四歲運轉南方，三十年金水，火炎土燥，投資保守，注意養生。七十四歲甲申，甲己申子，福祿堪誇。

今年乙未，虛齡六十一（肖羊），壬午運。

本造月令真神，其格自高，癸丁矛盾，轉弱。巳午會火，解子午暗冲，日干臨門一腳。水星不透，身強喜財官。生冬至後，年柱乙未，陰女，大運順行。

命例三〇四　黃先生

正官　庚申　正官

食神　丁亥　正印

命主　乙未　偏財

傷官　丙子　偏印

8戊子　18己丑　28庚寅　38辛卯　48壬辰　58癸巳　68甲午　78乙未

乙木生亥月，水旺木相，正印為格。木火三透，乙庚化金，水局重見，丙丁通根未土，如花美眷。五行喜木火，忌金水。

戊子己丑，方局重疊，三會水土。二十八歲庚寅辛卯，寒木向暖。東方木運，寅中火星勝辛卯。四十八歲壬辰癸巳，申祿合，以退為進。六十八歲正南方火，甲午乙未，福祿堪誇。

今年乙未，虛齡三十六，庚寅運。

本造水木印格，丙丁双透，勢均力敵，這是先天中和的好命。

命例三〇五　黃小姐

偏財　乙丑　偏印

傷官　壬午　七殺

命主　辛丑　偏印

正官　丙申　劫財

3癸未　13甲申　23乙酉　33丙戌　43丁亥　53戊子　63己丑　73庚寅　83辛卯

辛金生午月，火旺土相，七殺為格。木火双透，乙辛壬丙暗冲，正官化水，二丑重見，月令真神，傷官制殺。五行喜木火，忌金水。

幼年午未，燥土合，正官就我，得天獨厚。十三歲甲申乙酉，溼木金水，反覆無常。三十三歲丙戌，二丙坐庫，時令錦上添花。四十三歲運轉北方，三十年壬水去丁，凍土，諸事保守。七十三歲庚寅，春木化火，福祿堪誇。

今年乙未，虛齡三十一，乙酉運。

本造月令真神，其格自高，壬水合殺，轉弱。金水傷官，身強喜財官，歲運東南，二火並留。夫子兩忌，擇偶照子放亮。盛年丙戌，期待一箭定江山。

命例三〇六　鍾小姐

正官　辛酉　正官
偏財　戊子　正印
命主　甲戌　偏財
偏財　戊辰　偏財

4己丑　14庚寅　24辛卯　34壬辰　44癸巳　54甲午　64乙未　74丙申　84丁酉

甲木生子月，水旺木相。偏財双透，戊癸復合，甲己溼土，水局兩見，辰戌六冲，格取從勢（土金水之勢）。五行喜金水，忌木火。

戊子己丑，寒土助從神。十四歲庚寅辛卯，木星化火，低空飛過。三十四歲壬辰癸巳，巳酉合金，水局復見，庖丁解牛。五十四歲甲午乙未，火炎木燥，錢財保守，注意養生。七十四歲丙申，丙辛化水，申子辰合，假神（火庫）作祟。

今年乙未，虛齡三十五（肖雞），壬辰運。

本造二刃，緩不濟急，冷眼旁觀，時支冲不能合，假從水格。生冬至後，年柱辛酉，陰女，大運順行。

命例三〇七　蘇婆

偏財　乙未　偏印

正印　戊寅　正財

命主　辛丑　偏印

七殺　丁酉　比肩

9己卯　19庚辰　29辛巳　39壬午　49癸未　59甲申　69乙酉　79丙戌

辛金生寅月，木旺火相，偏財為格。木火土三透，通根年月，乙辛暗冲，酉丑合金，夫子双美。五行喜金水，忌木火。

三十九歲壬午癸未，無根之水作合，財殺燠熱難當，禍不旋踵。五十九歲甲申乙酉，順遂。九十九歲正北方水，戊子己丑，欲哭無淚。

本造水星不透，身弱喜印。酉丑合，解丑未暗冲。這老太婆台大歷史系畢業，自視甚高。盛年癡人說夢，到處欠掛，恬不知恥，兩片嘴皮耍得天衣無縫，不着痕跡。「你兇什麼？我不過欠你錢而已。」蝨多不癢，債多不愁，一絕。

命例三〇八　馬小姐

七殺　壬寅　偏印

偏財　庚子　正官

命主　丙申　偏財

偏財　庚寅　偏印

8己亥　18戊戌　28丁酉　38丙申　48乙未　58甲午　68癸巳　78壬辰

四柱全陽，心直口快。丙火生子月，水旺木相，正官為格。財殺三透，壬丙對峙，申祿冲合，年支曉春，祖德風光。五行喜木火，忌金水。

幼年庚子，水冷金寒。八歲己亥，得失各半。十八歲戊戌，寅戌復合，春風一度。二十八歲丁酉丙申，丙丁無根，二申二寅，情財兩難。四十八歲乙未甲午，木秀火明，福星高照。六十八歲癸巳壬辰，申祿合，投資保守，注意養生。

今年乙未，虛齡五十四（肖虎），乙未運。

本造官殺並見，得火二用。夫宮坐忌，擇偶照子放亮。申子合，解寅申暗冲。生冬至後，年柱壬寅，陽女，大運逆行。

命例三〇九　杜先生

偏印　壬寅　比肩

正財　己酉　正官

命主　甲寅　比肩

正印　癸酉　正官

10**庚戌**　20**辛亥**　30**壬子**　40**癸丑**　50**甲寅**　60**乙卯**　70**丙辰**　80**丁巳**　90**戊午**

甲木生酉月，金旺水相，正官為格。壬癸双透，甲己溼土，二火初生，妻室賢良。五行喜木火，忌金水。

幼年己酉，正財復化，土金寒溼。十歲庚戌辛亥，木火重疊，春風少年。三十歲正北方水，壬子癸丑，地凍天寒，了無生意。五十歲甲寅乙卯，二甲燥土，諸事亨通。七十歲丙辰，壬丙辰酉，冲合三見，肝心兩弱。

今年乙未，虛齡五十四，甲寅運。

本造丙丁不透，二寅取暖，子丑反制，佳期如夢，五十歲運入東南利情緣。先木後火，戊午己未，畫餅。

命例三一〇　曾小姐

比肩　丁卯　偏印

七殺　癸卯　偏印

命主　丁巳　劫財

偏財　辛亥　正官

10**甲辰**　20**乙巳**　30**丙午**　40**丁未**　50**戊申**　60**己酉**　70**庚戌**　80**辛亥**　90**壬子**

四柱陰盛，潛沉內執且癖。丁火生卯月，木旺火相，偏印為格。金水双透，二丁冲殺，二卯冲財，巳亥冤家路窄。五行喜金水，忌木火。

幼年癸卯，時支疊合。十歲甲辰，溼木水庫。二十歲運入南方，三十年火炎土燥木枯。五十歲戊申己酉，土金潤澤，得償夙願。七十歲庚戌，卯戌復見。

今年丙申，虛齡三十，丙午運。

本造財殺並透，時支水祿，七遇冲合。夫宮坐忌，擇偶照子放亮。不婚不友，老天厚愛。期待歲運反制得良緣。西北運晚，先金後水，九十歲壬子，畫餅。初老戊申己酉，土金天覆地載，足以補償。

命例三一一　曾小姐

比肩　己巳　正印
七殺　乙亥　正財
命主　己卯　七殺
傷官　庚午　偏印
9丙子　19丁丑　29戊寅　39己卯　49庚辰　59辛巳　69壬午　79癸未

己土生亥月，水旺木相，建祿為格。木土三透，乙庚不化，時歸午刃，水祿冲合。五行喜金水，忌木火。

幼少北方，子丑洩印，福星得地。二十九歲戊寅己卯，午刃重合，木火焦炙，無計可施。四十九歲庚辰，乙庚復化，二土通根財庫，步步高升。五十九歲運轉南方，三十年金水虛花。

今年丙申，虛齡二十八，丁丑運。

本造溼土建祿。月令喜神，左合右冲。水星不透，二土歸刃，身強喜財。夫子兩忌，擇偶照子放亮。期待流年反制得良緣。

命例三一二 陳先生

食神 丁巳 傷官

食神 丁未 偏財

命主 乙丑 偏財

比肩 乙酉 七殺

1丙午 11乙巳 21甲辰 31癸卯 41壬寅 51辛丑 61庚子 71己亥

四柱陰盛，潛沉內執不免。乙木生未月，火旺土相，食神為格。木火四透，二丁拱午，三會南方，日支冲合，子息賢肖。五行喜金水，忌木火。

丙午乙巳，燥不可當，酉丑徒勞無功。二十一歲甲辰，溼木水局，春風得意。三十一歲癸卯壬寅，二丁制印，百般忍耐。五十一歲運轉北方，辛丑庚子，金水相涵，福祿堪誇。

今年丙申，虛齡四十，癸卯運。

本造木火食神，身弱喜印，得水二用。壬癸不透，丑未六冲。

命例三一三　陳小姐

偏財　壬戌　比肩

正印　丁未　劫財

命主　戊午　正印

劫財　己未　劫財

10丙午　20乙巳　30甲辰　40癸卯　50壬寅　60辛丑　70庚子　80己亥　90戊戌

戊土生未月，燥土旺。火土三透，丁壬化木，午刃疊合，格取從強（從火），真從格高。五行喜木火，忌金水。

幼少南方，從神天透地藏，出身富家，眾星拱月。三十歲甲辰，溼木合劫，辰戌不沖，以退為進。四十歲癸卯壬寅，丁壬戊癸，春木化火，福履盈門。六十歲運轉北方，辛丑庚子，財印並留，投資保守，注意養生。

今年丙申，虛齡三十五，甲辰運。

本造未月未時。午刃穿針引線，真神之最，六親無一不美。壬水化木，子丑通根，犯旺，火多為病，代謝狀況百出，肺腎兩虧。

命例三一四　陳先生

正官　壬辰　傷官
正印　甲辰　傷官
命主　丁酉　偏財
正財　庚子　七殺

11乙巳　21丙午　31丁未　41戊申　51己酉　61庚戌　71辛亥　81壬子　91癸丑

丁火生辰月，溼木旺。金木水火，甲庚暗冲，丁壬不化，二刃合局四見，格取從官。五行喜金水，忌木火。

甲辰乙巳，水庫疊逢，火祿合金。二十一歲丙午丁未，日干通根，韜光養晦。四十一歲戊申己酉，溼土助旺，得志非凡。六十一歲庚戌，二辰袖手旁觀，小撓。七十一歲運轉北方，三十年金水天覆地載，富貴堪誇。

今年丙申，虛齡五歲，小兒運甲辰。

本造清明之初。春深木老。丁火虛懸，正官合日，去一留一（丁壬溼木）。喜用俯拾皆是，六親無一不美，適婚之齡，午未作祟，擇偶照子放亮。二十年磨劍，流年扶持。甲木假從水格。大運己酉，變假為真。冬至長一歲，虛齡十一起運。

命例三一五　陳先生

傷官　癸巳　七殺

食神　壬戌　偏印

命主　庚午　正官

食神　壬午　正官

9辛酉　19庚申　29己未　39戊午　49丁巳　59丙辰　69乙卯　79甲寅

庚金生戌月，熱土旺，偏印為格。食傷三透，壬癸虛懸，日干兩遇燥金，方局四見。五行喜金水，忌木火。

辛酉庚申，如魚得水。二十九歲運入南方，己未戊午，火炎土燥，反覆無常。四十九歲丁巳，一丁三水，從火，稱心快意。癸丁冲，假從。五十九歲丙辰，壬癸坐庫，吉祥如意。六十九歲乙卯甲寅，木火並旺。

今年丙申，虛齡四歲，小兒運壬戌。

本造偏印，燥土不生金。水星三透，干多不如支重。歲運西北，天干四喜用之妙。妻子兩忌，擇偶照子放亮。癸丑壬子，畫餅，丁巳假從，美不可言。

大運從化，流年亦可損益增減。

命例三一六　游先生

正財　壬戌　劫財

傷官　庚子　偏財

命主　己卯　七殺

傷官　庚午　偏印

4辛丑　14壬寅　24癸卯　34甲辰　44乙巳　54丙午　64丁未　74戊申

己土生子月，水旺木相，月刃為格。金水三透，子午暗冲，年支火庫，祖德風光。五行喜木火，忌金水。

庚子辛丑，水冷金寒，無趣。十四歲壬寅癸卯，二卯火庫，寅午戌合，鋒芒漸露。三十四歲甲辰，甲己重化，子辰江濶雲低。四十四歲運轉南方，丙午丁未，天覆地載，三十年名利双收，人人艷羡。

今年丙申，虛齡三十五（肖狗），甲辰運。

本造溼土月刃。丙丁不透，身弱喜印。偏財作梗，歲運東南，火庫日時，不期而遇，妻子双美。生冬至後，年柱壬戌，陽男，大運順行。

命例三一七　游小姐

正印　甲子　七殺

偏財　辛未　食神

命主　丁未　食神

劫財　丙午　比肩

3 **庚午**　13 **己巳**　23 **戊辰**　33 **丁卯**　43 **丙寅**　53 **乙丑**　63 **甲子**　73 **癸亥**

丁火生未月，火旺土相。木火三透，丙辛不化，午未重合，年支水刃，祖德風光。五行喜金水，忌木火。

幼年南方，助忌。十三歲己巳，復三會火。二十三歲戊辰，子辰溼土，探囊取物。三十三歲丁卯丙寅，劫印天透地藏。五十三歲乙丑甲子，丙辛化水。七十三歲癸亥，亥子一會，二未拱合。

今年丙申，虛齡三十三，丁卯運。

本造未月午時。官殺不透，燠熱難當，子丑另紮營寨。夫子兩忌，擇偶照子放亮。期待北方水木，情緣順心。

命例三一八　陳小姐

傷官　甲子　比肩

正官　戊辰　正官

命主　癸酉　偏印

偏印　辛酉　偏印

2丁卯　12丙寅　22乙丑　32甲子　42癸亥　52壬戌　62辛酉　72庚申

癸水生辰月，溼木旺。土金双透，戊癸不化，水局疊見，火星絕跡，格取從勢（土金水之勢）。五行喜金水，忌木火。

丁卯丙寅，傷官通根，戊癸化火。二十二歲運轉北方，三十年水清木秀，情財兩遂。五十二歲壬戌，水庫隔岸觀火，小忌。六十二歲辛酉庚申，申子辰合，老境堪誇。

今年丙申，虛齡三十三，甲子運。

本造清明後五天，春深木老。喜用俯拾皆是，六親無一不美。甲木假從水格。

命例三一九　陳小姐

劫財　戊辰　劫財

正財　壬子　偏財

命主　己酉　食神

正印　丙寅　正官

7辛亥　17庚戌　27己酉　37戊申　47丁未　57丙午　67乙巳　77甲辰

己土生子月，水旺木相，月刃為格。溼土双透，壬丙暗冲，偏財合劫，水局重見，火星初生，子息賢肖。五行喜木火，忌金水。

七歲辛亥，丙辛亥子，木局無聊。十七歲庚戌，寅戌拱印，春風一度。二十七歲己酉戊申，土金溼滯，顛倒不免。四十七歲正南方火，丁未丙午，天覆地載，時來運轉。六十七歲乙巳甲辰，甲己重化，酉刃合，守成。

今年丙申，虛齡二十九（肖龍），己酉運。

本造溼土月刃，氣弱而虛。劫印冲合並見，作用全失，南方火土，美不可言。酉金生水，擇偶照子放亮。生冬至後，年柱戊辰，陽女，大運逆行。

命例三二〇 李小姐

偏印 丁酉 食神

劫財 戊申 傷官

命主 己卯 七殺

七殺 乙丑 比肩

3己酉 13庚戌 23辛亥 33壬子 43癸丑 53甲寅 63乙卯 73丙辰 83丁巳

己土生申月，金旺水相，傷官為格。殺印双透，丁火虛懸，二土通根月時，卯酉暗冲。五行喜木火，忌金水。

戊申己酉，土金寒溼。十三歲庚戌辛亥，丁火通根，水祿合木。三十三歲壬子癸丑，財星制印，日支無力回天，假從水格。五十三歲甲寅乙卯，申酉冲，低空飛過。七十三歲丙辰丁巳，丙丁虛花，金水並旺。

今年丙申，虛齡六十，甲寅運。

本造申月餘暑。丑時水土寒溼。土金傷官，得火二用。早年金水，晚來木運，九十三歲正南方火，畫餅。壬子癸丑，假從，隨心所欲，落袋為安。丁火一去，日支夾殺，不得不從。冬至長一歲，虛齡三歲起運。

命例　李小姐（閏八月）

偏印　丁酉　食神
比肩　己酉　食神
命主　己酉　食神
七殺　乙丑　比肩

3庚戌　13辛亥　23壬子　33癸丑　43甲寅　53乙卯　63丙辰　73丁巳　83戊午

四柱陰盛，潛沉內剛執。己土生酉月，金旺水相，食神為格。殺印双透，木火虛懸，乙辛三冲，時支凍土。五行喜木火，忌金水。

庚戌辛亥，丁火通根，水冷金寒。二十三歲壬子癸丑，財星去印，從水。乙木假從。四十三歲甲寅乙卯，木氣縱橫，三酉冲卯。六十三歲丙辰丁巳，丙丁虛花，金水疊合。八十三歲正南方火。

今年丙申，虛齡六十，乙卯運。

本造土金食神，身弱喜印。兩造神似，丁火無根，不能損去。閏八月假從、正南方火早十年，地支三酉，夫子兩忌。八月卯木暗冲，情緣、子息，半斤八兩。哪有人畫蛇添足，家譜來一筆「非閏八月」，當然是八月生的。

命例三二一　徐小姐

偏印　乙未　食神
食神　己卯　偏印
命主　丁亥　正官
七殺　癸卯　偏印

4庚辰　14辛巳　24壬午　34癸未　44甲申　54乙酉　64丙戌　74丁亥

四柱陰盛，潛沉內剛執。丁火生卯月，木旺火相。木火土三透，通根年支，癸丁相冲，水祿復合，格取從勢（木火土之勢）。五行喜木火，忌金水。

四歲庚辰，乙庚化金。十四歲運入南方，三十年火土得地，稱心如意。四十四歲甲申乙酉，溼木力弱，勉為其難。六十四歲丙戌丁亥，卯戌重見，復三合木，福祿堪誇。

今年丙申，虛齡六十二，乙酉運。

本造春月，火不當令，一冲一合。癸丁並透，假從強格（從火）。壬寅時，化木，真從。甲辰時，食印燥土，歸庫，喜金水，忌木火。

命例三二二　鄭先生

劫財　庚申　劫財

正印　戊子　食神

命主　辛酉　比肩

劫財　庚子　食神

9己丑　19庚寅　29辛卯　39壬辰　49癸巳　59甲午　69乙未　79丙申　89丁酉

辛金生子月，水旺木相。土金四透，二癸制印，申子重合，木火双絕，格取從氣（金水之氣）。五行喜金水，忌木火。

戊子己丑，眾星拱月。十九歲庚寅辛卯，財星得地，起伏不免。三十九歲壬辰癸巳，申酉合，得償夙願。五十九歲甲午乙未，火炎木燥，投資保守，注意養生。七十九歲丙申，丙辛化水，老當益壯，福祿堪誇。

今年丙申，虛齡三十七，辛卯運。

本造晚子。食印復合，三人同心。喜用俯拾皆是，六親無一不美。溼木絕跡，真從水格。

命例三二三　鄭先生

比肩　癸亥　劫財

偏財　丁巳　正財

命主　癸丑　七殺

食神　乙卯　食神

7丙辰　17乙卯　27甲寅　37癸丑　47壬子　57辛亥　67庚戌　77己酉

四柱陰盛，潛沉內剛執。癸水生巳月，火旺土相，偏財為格。財星高照，二癸狹路相逢，火祿冲合，時柱乙卯，子息賢肖。五行喜木火，忌金水。

丁巳丙辰，一喜一忌。十七歲乙卯甲寅，木氣縱橫。三十七歲運轉北方，癸丑壬子，凍不可言，折中。五十七歲辛亥，水祿重逢。六十七歲庚戌，卯戌合火，福祿双全。

今年丙申，虛齡三十四，甲寅運。

本造月令喜神，左合右冲。六十年金水，丁未丙午，畫餅。妻宮凍土，擇偶照子放亮。盛年甲寅，期待一箭定江山。

命例三二四　王小姐

偏印　庚子　劫財

正官　己卯　傷官

命主　壬戌　七殺

正官　己酉　正印

11戊寅　21丁丑　31丙子　41乙亥　51甲戌　61癸酉　71壬申　81辛未　91庚午

壬水生卯月，木旺火相，春水傷官格。土金水四透，通根二刃，偏印制傷，卯戌合火，夫婿賢良。五行喜木火，忌金水。

己卯戊寅，春木化火，掌上明珠。二十一歲運轉北方，丁丑丙子，丙丁無根，勉為其難。四十一歲乙亥，年月爭合。五十一歲甲戌，卯戌復見，二己燥土，財源廣進。六十一歲癸酉壬申，金水當道，肝心兩弱。

今年丙申，虛齡五十七，甲戌運。

本造丙丁不透，身強喜財。木星得時，乙庚卯酉，不勝其擾，火局一合，迎刃而解。

命例三二五　何小姐

七殺　丁酉　比肩
七殺　丁未　偏印
命主　辛丑　偏印
傷官　壬辰　正印

5戊申　15己酉　25庚戌　35辛亥　45壬子　55癸丑　65甲寅　75乙卯

辛金生未月，燥土旺，偏印為格。殺星双透，二丁制合傷官，丑未六冲，時支水庫，子息賢肖。五行喜金水，忌木火。

初運戊申己酉，土金潤澤，一帆風順。二十五歲庚戌辛亥，木火得地，反覆無常。四十五歲正北方水，壬子癸丑，天覆地載，大得際遇。六十五歲甲寅乙卯，好自為之。

本造未月化木。偏印不生金。殺重身輕，年支日時，一拍兩散，歲運西北，萍水相逢。六十年金水，四十年喜用天覆地載。水火均停，這是先天中和的好命。

命例三二六　陳先生

偏印　壬寅　比肩

偏印　壬子　正印

命主　甲申　七殺

七殺　庚午　傷官

10癸丑　20甲寅　30乙卯　40丙辰　50丁巳　60戊午　70己未　80庚申

四柱全陽，中正坦白。甲木生子月，水旺木相，正印為格。壬水双透，甲庚相沖，溼土合日，申子助旺，時支午刃，子息賢肖。五行喜木火，忌金水。

壬子癸丑，地凍天寒。二十歲甲寅乙卯，冬盡春來。四十歲丙辰，二壬沖丙，申子辰合，起伏不免。五十歲運轉南方，寅午有緣千里，巳申不足掛齒，三十年火土，老境堪誇。

今年戊戌，虛齡五十七，丁巳運。

本造殺印相生，得時勢地。火星不透，甲木過寒。六十年木火，五十年喜用天覆地載。命好不如運好，此造也。申子合，解寅申子午暗沖。

命例三二七　姜小姐

傷官　乙巳　偏財

正官　己卯　傷官

命主　壬戌　七殺

正官　己酉　正印

10庚辰　20辛巳　30壬午　40癸未　50甲申　60乙酉　70丙戌　80丁亥

壬水生卯月，木旺火相，傷官為格。官傷三透，日干虛懸，二土通根祿庫，卯戌合火，時支金刃，子息賢肖。五行喜金水，忌木火。

己卯庚辰，一忌一喜。二十歲辛巳，金局無力。三十歲正南方火，壬午癸未，比劫無根，勉為其難。五十歲甲申乙酉，喜神當道，福祿堪誇。七十歲丙戌丁亥，木火天透地藏，代謝狀況多，肺腎兩虧，錢財保守，注意養生。

今年戊戌，虛齡五十四，甲申運。

本造春水傷官，尅洩交加，財多身弱。五十歲運轉西北，戊子己丑，畫餅。火局解卯酉暗冲。冬至長一歲，虛齡十歲起運。

命例三二八　陳小姐

傷官　丙子　偏印

正印　壬辰　正財

命主　乙未　偏財

劫財　甲申　正官

9辛卯　19庚寅　29己丑　39戊子　49丁亥　59丙戌　69乙酉　79甲申

乙木生辰月，冷土旺，正財為格。劫印双透，壬丙相冲，申子辰三合水，日支未土，夫婿賢良。五行喜木火，忌金水。

辛卯庚寅，喜神得地。二十九歲己丑戊子，凍土，寸步難行。四十九歲丁亥，丁壬反覆，水祿一心二用。五十九歲丙戌，二丙坐庫，諸事亨通。六十九歲乙酉甲申，時令合。

今年戊戌，虛齡二十三，庚寅運。

本造水木並旺，得火二用。夫宮未土，如獲至寶。盛年北方，反制用神，情財兩難。論嫁娶，照子放亮，工作不如預期，百般忍耐。寄望子丑合，解丑未冲，日支一箭定江山。

命例三三一　卓先生

正官　辛丑　正財

七殺　庚寅　比肩

命主　甲申　七殺

食神　丙寅　比肩

6己丑　16戊子　26丁亥　36丙戌　46乙酉　56甲申　66癸未　76壬午

甲木生寅月，木旺火相，建祿為格。官殺双透，丙辛化水，甲庚對峙，寅申復冲，年支凍土。五行喜木火，忌金水。

己丑戊子，水土寒溼，了無生意。二十六歲丁亥丙戌，木火重合，得心應手。四十六歲乙酉甲申，乙庚化金，二申二寅，反覆無常。六十六歲正南方火，癸未壬午，一掃烏氣。大運重地支。丑未冲，不如壬午火局復見。

今年己亥，虛齡五十九，甲申運。

本造寅月餘寒。月令喜神，三遇金水（上左右），腹背受敵，時支重逢。妻宮坐忌，擇偶照子放亮。先天肝心弱，中運注意養生。問情緣，老來午未，期待火土反制金水。

命例三三二　王小姐

傷官　甲辰　正官

食神　乙丑　七殺

命主　癸亥　劫財

正財　丙辰　正官

3甲子　13癸亥　23壬戌　33辛酉　43庚申　53己未　63戊午　73丁巳

癸水生丑月，水旺木相。財星高照，甲乙通根溼木，亥丑拱子，三會北方。五行喜木火，忌金水。

甲子癸亥，生氣全無。二十三歲壬戌辛酉，壬丙辰戌從旺，丙辛辰酉化水，一改境遇。相冲假從，甲乙假化。四十三歲庚申，乙庚申辰疊見，艱辛不免。五十三歲己未戊午，甲己戊癸，天作之合，老境堪誇。

今年己亥，虛齡五十六(肖龍)，己未運。

本造七殺助水，身強喜財。丙火虛懸，五見溼木，四土之洩，孤立無援，不能損去。夫子兩忌，擇偶照子放亮。盛年從化，情財兩遂，一箭定江山。生冬至後，年柱甲辰，陽女，大運逆行。

命例三三三　粘先生

傷官　丙子　偏印

偏印　癸巳　傷官

命主　乙丑　偏財

食神　丁丑　偏財

4甲午　14乙未　24丙申　34丁酉　44戊戌　54己亥　64庚子　74辛丑

乙木生巳月，火旺土相，傷官為格。食傷双透，癸丁暗冲，二丑復合年月。五行喜木火，忌金水。

甲午乙未，木火双清。小孩子靠父母可惜了好運。二十四歲丙申丁酉，丙丁無根，虛有其表。四十四歲戊戌，戊癸化火，春風一度。五十四歲運轉北方，亥子丑復會，三十年水冷金寒土凝。

今年己亥，虛齡二十四，丙申運。

本造月令喜神，二丑作對。妻子兩忌，擇偶照子放亮。幼少南方，火星双透之妙。好運來得早，西北金水，流年扶持。

命例三三四　王小姐

食神　庚寅　七殺

偏印　丙子　正財

命主　戊戌　比肩

正官　乙卯　正官

9乙亥　19甲戌　29癸酉　39壬申　49辛未　59庚午　69己巳　79戊辰

戊土生子月，水旺木相，月刃為格。官印双透，乙庚不化，火局復見，癸水有情，月令真神。五行喜金水，忌木火。

九歲乙亥，水祿疊合，不比丙子。十九歲甲戌，二庫寅卯，憂心忡忡。二十九歲癸酉壬申，反制忌神，情財兩遂。四十九歲運轉南方，三十年火炎土燥，乏善可陳，投資保守，注意養生。

今年己亥，虛齡七十（肖虎），己巳運。

本造戊癸合，月令真神，其格自高。溼土月刃，以格為用。水星不透，身強喜財。夫子兩忌，擇偶照子放亮。癸酉壬申，一箭定江山。生冬至後，年柱庚寅，陽女，大運逆行。

命例三三五　林小姐

傷官　甲寅　傷官

偏財　丁卯　食神

命主　癸酉　偏印

七殺　己未　七殺

10丙寅　20乙丑　30甲子　40癸亥　50壬戌　60辛酉　70庚申　80己未　90戊午

癸水生卯月，木旺火相。財殺並透，甲己燥土，癸丁卯酉相冲，日支夾殺，格取從勢（木火土之勢）。五行喜木火，忌金水。

幼少寅卯，天透丙丁，掌上明珠。二十歲乙丑甲子，凍土，愁眉不展。四十歲癸亥壬戌，偏財當關，木火重合，稱心快意。六十歲辛酉庚申，金氣縱橫，投資保守，注意養生。八十歲南方火土。

今年己亥，虛齡四十六，癸亥運。

本造春水無根，尅洩交加，從其旺勢。祖德、父母、子息皆美，夫宮酉刃，擇偶照子放亮。適婚之齡，好事多磨，嫁娶平地生波。中運戌亥，丁火制合壬癸，寄望情財兩遂。金水双冲，假從火格。

命例三三六　潘小姐

傷官　癸卯　正財

偏印　戊午　正官

命主　庚寅　偏財

傷官　癸未　正印

8己未　18庚申　28辛酉　38壬戌　48癸亥　58甲子　68乙丑　78丙寅　88丁卯

庚金生午月，火旺土相。傷官双透，癸丁復冲，戊土順水推舟，午刃重合，格取化火。五行喜木火，忌金水。

幼少南方，助化，備受寵愛。十八歲庚申辛酉，金氣縱横，起倒無常。三十八歲壬戌癸亥，丁壬戊癸，財官重合，得心應手。五十八歲甲子乙丑，二傷通根，乙庚化金，諸事保守，注意養生。七十八歲丙寅丁卯，木火天覆地載。

今年己亥，虛齡五十七，癸亥運。

本造午月未時，真神之最，六親無一不美。烈火燎原，歲運西北，逆旺，官多為病，情財反覆。庚金假化火格。

命例三三七　坤造

劫財　己巳　偏印

正印　丁卯　正官

命主　戊子　正財

食神　庚申　食神

3戊辰　13己巳　23庚午　33辛未　43壬申　53癸酉　63甲戌　73乙亥　83丙子

戊土生卯月，木旺火相，正官為格。火土三透，丁印通根年祿，乙庚化金，時支復合。五行喜木火，忌金水。

幼年戊辰，三合水土。十三歲己巳，轉折。二十三歲庚午辛未，乙木不化，官印双清。四十三歲壬申癸酉，一丁受制，真假從財。六十三歲甲戌，甲己燥土，卯戌合火。七十三歲乙亥，北方溼木。

今年己亥，虛齡三十一，庚午運。

本造木星得時，年支火祿，庚申作祟，正印力不從心。夫子兩忌，擇偶照子放亮。盛年午未，中運從水，晚歲甲戌，反制子刃，情財兩遂。

大運從化，流年亦可損益增減。

命例三三八　林小姐

偏財　癸亥　正財

正印　丙辰　劫財

命主　己丑　比肩

正財　壬申　傷官

2丁巳　12戊午　22己未　32庚申　42辛酉　52壬戌　62癸亥　72甲子　82乙丑

己土生辰月，冷土旺。水土三透，壬丙暗冲，逢子三會三合，格取從財。五行喜金水，忌木火。

兩歲丁巳，二財制印，火祿復合，反忌為喜。十二歲戊午己未，丙火通根，燥土橫陳，遲滯不前。三十二歲庚申辛酉，一雨成秋，金碧輝煌。五十二歲壬戌，申辰解冲，曲折。六十二歲運轉北方，三十年水清木秀，老境堪誇。

今年己亥，虛齡三十七，庚申運。

本造四柱汪洋，六親無一不美。少運南方，反制寒土，情緣不免反覆。三十二歲運轉西北，柳暗花明。壬丙冲，假從水格。大運辛酉，變假為真。

命例三四三　游小姐

偏財　戊戌　偏財
正印　癸丑　正財
命主　甲寅　比肩
正官　辛未　正財

6壬子　16辛亥　26庚戌　36己酉　46戊申　56丁未　66丙午　76乙巳　86甲辰

甲木生丑月，寒土旺，偏財為格。木土双透，戊癸不化，寅戌眉來眼去，月令真神，丑未暗冲。五行喜金水，忌木火。

癸丑壬子，正北方水。十六歲辛亥庚戌，木火復合，不盡如意。三十六歲己酉戊申，土金潤澤，重整旗鼓。五十六歲運轉南方，丁未丙午，正印化火，守成。

今年己亥，虛齡兩歲（肖狗），小兒運癸丑。

本造月令真神，其格自高，丑未暗冲。官印双清，水火均停，先天中和。戊癸互不相讓，兩神並留，歲運東南，力不從心，化火。夫子兩忌，擇偶照子放亮。盛年湮土，期待緣定三生。生冬至後，年柱戊戌，陽女，大運逆行。真太陽時差，越南晚台灣一小時。

命例三四四　蔡小姐

偏印　丙申　食神

偏印　丙申　食神

命主　戊午　正印

食神　庚申　食神

5乙未　15甲午　25癸巳　35壬辰　45辛卯　55庚寅　65己丑　75戊子　85丁亥

四柱全陽，胸無城府。戊土生申月，金旺水相，食神為格。火土三透，通根午刃，申祿疊逢，子息賢肖。五行喜金水，忌木火。

乙未甲午，火炎木燥。二十五歲癸巳，戊癸巳午，棋高一著，金局平淡無奇。三十五歲壬辰，壬水坐庫，申辰三見，利財。四十五歲辛卯庚寅，官殺生印，馬不停蹄。六十五歲運轉北方，己丑戊子，水土双清，老境堪誇。

今年己亥，虛齡六十四，庚寅運。

本造申月餘暑。月令喜神，年時又見，多多益善。水星不透，身強喜財。日支午刃，擇偶照子放亮。晚歲子丑，倒吃甘蔗，有錢健康順心。夏令時間，真太陽時取庚申。

命例三四五　唐小姐

正官　辛酉　正官

七殺　庚寅　比肩

命主　甲寅　比肩

偏財　戊辰　偏財

10辛卯　20壬辰　30癸巳　40甲午　50乙未　60丙申　70丁酉　80戊戌

甲木生寅月，木旺火相，建祿為格。土金三透，甲庚相冲，辰酉暗通款曲，二火初生，得夫賢良。五行喜木火，忌金水。

庚寅辛卯，少陽得地。二十歲壬辰癸巳，酉刃合，金水寒溼，橫生枝節。四十歲甲午乙未，木火双清，十里春風。六十歲丙申，丙辛申辰，肝心兩弱。

今年己亥，虛齡三十九，癸巳運。

本造初春餘寒。月令喜神。丙丁不透，官殺重出，二寅取暖。盛年金水，好事成空。四十二歲老虎，原局歲運，火局三見。四十六、四十七，丙午丁未，更勝壬寅。行年漸長，夫宮喜用問姻緣，強過夫宮坐忌。

命例三四六　黃小姐

正官　甲子　偏財
正印　丙寅　正官
命主　己丑　比肩
正官　甲子　偏財

7乙丑　17甲子　27癸亥　37壬戌　47辛酉　57庚申　67己未　77戊午

己土生寅月，木旺火相，正官為格。滛木双透，甲己子丑，合局四見，月柱丙寅，官印双清。五行喜木火，忌金水。

乙丑甲子，生氣全無。二十七歲癸亥，木局黯然，復三會水。三十七歲壬戌，寅戌拱火，春風一度。四十七歲辛酉庚申，金氣縱橫，冲合疊見。六十七歲運轉南方，己未戊午，燥土天覆地載，老境堪誇。

今年己亥，虛齡三十六，癸亥運。

本造月令喜神，格局純粹，大運不助。二甲合己，二子合丑，滛土黨眾勢強，財多身弱。夫子兩忌，擇偶照子放亮。晚歲正南方火，子丑另紥營寨，倒吃甘蔗。

命例三四七　林小姐

偏印　乙丑　食神

正印　甲申　正財

命主　丁酉　偏財

正官　壬子　七殺

5乙酉　15丙戌　25丁亥　35戊子　45己丑　55庚寅　65辛卯　75壬辰　85癸巳

丁火生申月，金旺水相。木火三透，丁壬不化，子刃復合，格取從官。五行喜金水，忌木火。

甲申乙酉，虛溼之地助從神。十五歲丙戌，丙丁坐庫，不盡如意。二十五歲運轉北方，三十年二丁無根，水祿三會，寒土天覆地載，情財兩遂。五十五歲庚寅辛卯，丁壬化木，保守為宜。七十五歲壬辰癸巳，官殺助旺，金水復合。

今年己亥，虛齡三十五，戊子運。

本造晚子。溼土合，真神之最，六親無一不美。木火虛懸，正官有情，丁壬去一留一（溼木），大忌歲運通根，午未犯旺。甲乙假從水格。

命例三四八　王小姐

正印　甲午　比肩

劫財　丙寅　正印

命主　丁巳　劫財　　生於立春後26天，出生後8年5個月又20天起大運

偏財　辛丑　食神　　即每逢壬年或丁年，立秋後16天交運

9乙丑　19甲子　29癸亥　39壬戌　49辛酉　59庚申　69己未

丁火生寅月，木旺火相，正印為格。木火三透，丙辛不化，午刃復合，時支寒土，子息賢肖。五行喜金水，忌木火。

幼少子丑，劫財化水。二十九歲癸亥壬戌，丙丁冲合官殺，木火並旺，勉為其難。四十九歲辛酉庚申，金氣縱橫，稱心如意。六十九歲己未，甲己燥土，三會南方，代謝狀況多，肺腎兩虧，錢財保守，注意養生。

今年己亥，虛齡六十六，庚申運。

本造寅月餘寒。木火燥熱難當，身強喜財官。水星不透，丑時一字千金。北方運早，中年不過申酉。六十九歲南方火土，來勢洶洶。

命例三五一　高小姐

正財　丙午　偏財
七殺　己丑　七殺
命主　癸酉　偏印　生於小寒後8天，出生後2年8個月又20天起大運
正財　丙辰　正官　即每逢戊年或癸年，白露後28天交運

3**戊子**　13**丁亥**　23**丙戌**　33**乙酉**　43**甲申**　53**癸未**　63**壬午**　73**辛巳**　83**庚辰**

癸水生丑月，水旺木相。水土双透，日支復合，財星坐刃，祖德風光。五行喜木火，忌金水。

己丑戊子，水土寒溼，了無生意。十三歲丁亥，癸丁沖。二十三歲丙戌，午戌合火，時干坐庫，春風一度。三十三歲乙酉甲申，溼木水局，起伏不免。五十三歲運轉南方，癸未壬午，火土得地，利財。七十三歲辛巳，丙辛化水，三合金局，午刃另紮營寨。

今年己亥，虛齡五十四（肖馬），癸未運。

本造七殺助水，身強喜財。時干閒神，歲運東南，丙火双透之妙。夫子兩忌，擇偶照子放亮。生冬至後，年柱丙午，陽女，大運逆行。

命例三五二　王小姐

偏財　丁丑　七殺

偏財　丁未　七殺

命主　癸酉　偏印　生於小暑後23天，出生後2年8個月起大運

劫財　壬戌　正官　即每逢庚年或乙年，驚蟄後23天交運

4戊申　14己酉　24庚戌　34辛亥　44壬子　54癸丑　64甲寅　74乙卯

癸水生未月，燥土旺，七殺為格。偏財双透，壬水化木，癸丁丑未相沖，時支火庫。五行喜金水，忌木火。

戊申己酉，土金潤澤。二十四歲庚戌辛亥，財庫重逢，未月拱木，步步為營。四十四歲正北方水，壬子癸丑，喜從天降，時來運轉。六十四歲甲寅乙卯，木星化火，代謝狀況多，肺腎兩虧，錢財保守，注意養生。

今年己亥，虛齡二十三，己酉運。

本造二丁通根月時，火土兩旺，比劫扶身調候。五遇沖合，三水閒神，酉刃少陰，西北運早，双透双藏之妙。盛年木火，擇偶照子放亮。壬子癸丑，美不可言。六十年金水，四十年喜用天覆地載。命好不如運好，此造也。

命例三五三　陳小姐

比肩　壬申　偏印
正財　丁未　正官
命主　壬子　劫財
正印　辛丑　正官

10丙午　20乙巳　30甲辰　40癸卯　50壬寅　60辛丑　70庚子　80己亥　90戊戌

壬水生未月，燥土旺，正官為格。金水三透，丁火抵敵二壬，子刃重合，月令真神。五行喜木火，忌金水。

丁未丙午，正南方火，天透地藏，出類拔萃。二十歲乙巳，年時作梗，相形見拙。三十歲甲辰，申子辰合，諸事保守，退求其次。四十歲癸卯壬寅，木星得地。六十歲運轉北方，辛丑庚子，水冷金寒。

今年己亥，虛齡二十八，乙巳運。

本造月令真神，其格自高。二水化木，火土双清。財星就我，歲運西北，年干爭合，去一留一。夫子兩忌，擇偶照子放亮。子丑合，解丑未暗冲。

命例三五四　陳先生

食神　乙亥　劫財

正官　戊子　比肩

命主　癸酉　偏印

正財　丙辰　正官

2丁亥　12丙戌　22乙酉　32甲申　42癸未　52壬午　62辛巳　72庚辰

癸水生子月，水旺木相，月刃為格。木土双透，二癸合官，財星無根，三遇水局。五行喜木火，忌金水。

丁亥丙戌，亥子復會，二丙坐庫。二十二歲乙酉甲申，劫印溼木，顛三倒四。四十二歲癸未壬午，財官通根，戊土起死回生。六十二歲辛巳，丙辛巳酉，假化水格。乙木假化。七十二歲庚辰，肝心兩弱。

今年己亥，虛齡二十五，乙酉運。

本造五陰月刃合官。旺水無邊，丙火不能損去。身強喜財，妻子兩忌，擇偶照子放亮。中運南方，點石成金，三十年炙手可熱。冬至長一歲，虛齡兩歲起運。

大運從化，流年亦可損益增減。

命例三五五　黃先生

偏財　甲子　傷官
正財　乙亥　食神
命主　庚午　正官
偏財　甲申　比肩

3丙子　13丁丑　23戊寅　33己卯　43庚辰　53辛巳　63壬午　73癸未　83甲申

庚金生亥月，水旺木相，食神為格。木星三透，二甲逢冲，乙庚化金，時歸申祿，子水重合，日支午刃，得妻賢良。五行喜木火，忌金水。

幼少子丑，丙丁無根，水局四見，三會北方。二十三歲戊寅己卯，寅午初識，二甲燥土，情財兩遂。四十三歲庚辰，乙庚復化，申子辰合，進退維谷。五十三歲辛巳，日時相爭。六十三歲壬午癸未，正南方火，利財。

今年己亥，虛齡三十六，己卯運。

本造金水食神，身強喜財官。火星不透，三財溼木，虛有其表，日支午刃，匠心獨具。亥子會水，解子午暗冲。

命例三五六　宋小姐

劫財　乙丑　正財

傷官　丁亥　偏印

命主　甲子　正印

比肩　甲子　正印

7 **戊子**　17 **己丑**　27 **庚寅**　37 **辛卯**　47 **壬辰**　57 **癸巳**　67 **甲午**　77 **乙未**

甲木生亥月，水旺木相，偏印為格。木火四透，傷官虛懸，亥丑拱子，三會疊逢。五行喜木火，忌金水。

戊子己丑，凍土，了無生意。二十七歲庚寅辛卯，木星得地。四十七歲壬辰癸巳，印星制傷，火祿合金，假從水格。六十七歲甲午乙未，木秀火明，福祿堪誇。

今年己亥，虛齡三十五，庚寅運。

本造亥月小春。水木印格，凍不可言。丁傷無根，不能損去。木火四透，干多不如支重。夫子兩忌，擇偶照子放亮。問情緣，火當勝木，七老八十，時不我予，中運假從，喜出望外。三見子丑，真神之最（一變），午未各紮營寨（一常）。

大運從化，流年亦可損益增減。

命例三五七　劉小姐

偏印　丙寅　七殺

傷官　辛卯　正官

命主　戊寅　七殺

劫財　己未　劫財

11庚寅　21己丑　31戊子　41丁亥　51丙戌　61乙酉　71甲申　81癸未　91壬午

戊土生卯月，木旺火相。火土三透，官印冲合辛金，二寅一未，四柱水絕，格取從勢（木火土之勢）。五行喜木火，忌金水。

幼少寅卯，喜神得地。二十一歲己丑戊子，偏印化水，反覆無常。四十一歲丁亥丙戌，丙丁高照，木火疊合，情財兩遂。六十一歲乙酉甲申，溼木金水，守成。八十一歲正南方火。

今年己亥，虛齡三十四，戊子運。

本造丙辛不化，去一留一，真從火格。寅卯三見，不如時支一未，畫龍點睛，高下立判。喜用俯拾皆是，六親無一不美。盛年寒土，反制木火，情財兩難。南方運晚，丁亥丙戌，足以補償。冬至長一歲，虛齡十一起運。

命例三五八　宋小姐

正官　戊辰　正官

正財　丙辰　正官

命主　癸巳　正財

偏印　辛酉　偏印

2乙卯　12甲寅　22癸丑　32壬子　42辛亥　52庚戌　62己酉　72戊申　82丁未

癸水生辰月，溼木旺。財官双透，丙辛戊癸，兩兩成對，酉刃疊合，格取從氣（金水之氣）。五行喜金水，忌木火。

乙卯甲寅，木氣縱橫。二十二歲正北方水，癸丑壬子，真神美不可言。四十二歲辛亥庚戌，丙辛復化，二辰冲（一冲一合），輕舟無痕。六十二歲己酉戊申，水局成双，福祿堪誇。八十二歲運轉南方。

今年己亥，虛齡三十二，壬子運。

本造清明後四天，春深木老。財官通根，酉刃制合，真從水格。歲運東南，戊癸化火，丙辛去一留一，小病。五十二歲庚戌，年支出馬，六十年喜用天覆地載。命好不如運好，此造也。

命例三五九　于小姐

傷官　庚申　傷官

正財　壬午　偏印

命主　己卯　七殺

正印　丙寅　正官

11辛巳　21庚辰　31己卯　41戊寅　51丁丑　61丙子　71乙亥　81甲戌

己土生午月，火旺土相，月刃為格。財星高照，兩遇丙丁，寅午合火，傷官坐祿，祖德風光。五行喜金水，忌木火。

壬午辛巳，火炎土燥。二十一歲庚辰，申辰拱合，順水行舟。三十一歲己卯戊寅，羣魔亂舞，錢財保守，注意養生。五十一歲丁丑丙子，水土得地，一掃烏氣。七十一歲乙亥，木局重見。

今年己亥，虛齡四十，己卯運。

本造燥土月刃。身強喜財，得水二用。夫子兩忌，擇偶照子放亮。五十一歲正北方水，反制卯木，期待情緣順心。火局解寅申暗沖。

命例三六〇　林小姐

劫財　庚子　食神

正印　戊子　食神

命主　辛未　偏印　生於大雪後2天，出生後6個月又10天起大運

偏印　己丑　偏印　即每逢辛年或丙年，芒種後12天交運

2丁亥　12丙戌　22乙酉　32甲申　42癸未　52壬午　62辛巳　72庚辰

辛金生子月，水旺木相，食神為格。土金四透，二癸制印，時支沖合疊見。五行喜木火，忌金水。

兩歲丁亥，拱木，復三會水。十二歲丙戌，正官坐庫。二十二歲乙酉甲申，甲己申子，乙庚酉丑，了無生意。四十二歲癸未壬午，戊癸化火，午未燥土，情財兩遂。六十二歲辛巳庚辰，土金溼滯，肝心兩弱，投資保守，注意養生。

今年己亥，虛齡六十，壬午運。

本造子月丑時。金水食神，身強喜財官。火星不透，氣偏北方，丑未六沖，犯旺，從化破格。

命例三六一　何小姐

比肩　乙巳　傷官

傷官　丙戌　正財

命主　乙卯　比肩　生於寒露後20天，出生後3年5個月起大運

比肩　乙酉　七殺　即每逢己年或甲年，驚蟄後20天交運

5丁亥　15戊子　25己丑　35庚寅　45辛卯　55壬辰　65癸巳　75甲午

乙木生戌月，熱土旺，正財為格。木火四透，傷官通根祿庫，日支冲合，滴水全無。五行喜金水，忌木火。

丙戌丁亥，熾熱。十五歲正北方水，戊子己丑，寒土天覆地載，反制忌神，情財兩遂。三十五歲庚寅辛卯，木星化火，艱辛不免。五十五歲壬辰，壬丙冲，辰酉合。六十五歲運轉南方，金刃焦頭爛額。

今年己亥，虛齡五十五，壬辰運。

本造暖土，卯戌合，秋虎更威。木火傷官，身弱喜印，得水二用。夫宮坐忌，擇偶照子放亮。歲運東南，代謝狀況多，肺腎兩虧。四柱偏旺，時支金刃，從化破格，卯酉六冲。

命例三六二　王先生

正財　辛酉　正財

偏財　庚子　正官

命主　丙午　劫財

傷官　己亥　七殺

生於大雪後2天，出生後7個月又20天起大運

即每逢壬年或丁年，小暑後22天交運

2己亥　12戊戌　22丁酉　32丙申　42乙未　52甲午　62癸巳　72壬辰

82辛卯　92庚寅

丙火生子月，水旺木相，正官為格。土金三透，丙辛化水，時令冲合。五行喜木火，忌金水。

本造二火一化一冲，日支犯旺，破格，不得不用，丙午轉弱。財官遍野，比為上命，天花亂墜。

命例三六三　洪小姐

偏印　壬申　七殺

七殺　庚子　正印

命主　甲子　正印

傷官　丁卯　劫財

生於大雪後27天，出生後8年11個月又10天起大運

即每逢庚年或乙年，大雪後7天交運

9**己亥**　19**戊戌**　29**丁酉**　39**丙申**　49**乙未**　59**甲午**　69**癸巳**　79**壬辰**

甲木生子月，水旺木相，正印為格。金木双透，甲庚對峙，偏印制傷，二子合日冲丁，水局復見，時支仲春。五行喜木火，忌金水。

四十九歲運轉南方，乙未甲午，傷官通根。

本造氣偏西北，甲木過寒，生氣全無。三水一丁，時支從化不成。生冬至後，年柱壬申（肖猴），陽女，大運逆行。

命例三六四　王先生

比肩　辛丑　偏印

比肩　辛卯　偏財

命主　辛亥　傷官

偏印　己丑　偏印

生於驚蟄後13天，出生後4年3個月又20天起大運

即每逢乙年或庚年，小暑後3天交運

5庚寅　15己丑　25戊子　35丁亥　45丙戌　55乙酉　65甲申

四柱陰盛，潛沉內執不免。辛金生卯月，木旺火相，偏財為格。土金四透，乙辛疊逢，亥丑拱子，復三會水，丙丁絕跡。五行喜木火，忌金水。

本造二丑，土金寒溼，身強喜財官。四柱火絕，木星得令，三辛冲卯，強顏歡笑，財格名不副實。木火一喜一用，依之為命。沒有金木，不痛不癢，沒有水火可慘，十銀不如一金。

命例三六五　王先生

劫財　丙寅　正印

偏印　乙未　食神

命主　丁巳　劫財

七殺　癸卯　偏印

生於小暑後19天，出生後4年1個月又20天起大運

即每逢庚年或乙年，白露後9天交運

5丙申　15丁酉　25戊戌　35己亥　45庚子　55辛丑　65壬寅　75癸卯　85甲辰

丁火生未月，燥土旺。木火併透，癸丁短兵相接，巳未拱午，三會南方，格取從旺。五行喜木火，忌金水。

西北財官，四十年助破，晚歲東方。

本造癸丁冲，假從火格。大運戊戌，變假為真。

沖合並見，沖自沖，合自合，地位援引，決定勝負。

沖局以力服人，合局以德服人。以德服人力勝以力服人。

喜用逢沖，另取。另取不著，勉強一用，先天不足。

金命身弱，得水妙用無窮，制殺、扶身、調候。地支之水，溼土一原同出。

丁壬化木，可從可化，只因壬水受制，知難而退，非關木氣。

地支合天干，取四正月，子午卯酉。年支、日支、時支頂多搭順風車。子中癸水合戊，子中己土合甲（一溼），午中丁火合壬，午中己土合甲（一燥），卯中乙木合庚，酉中辛金合丙。寅申巳亥、辰戌丑未駁雜。癸水己土（溼土）一原同出，丁火己土（燥土）一原同出，非但一母所生，還是双胞胎。

天干金木，等同閒神，置之不理，可論假從。水火不然，不去不能言從。

水火岌岌，大運不見沖合天透地藏，從化擦身而過。

子午、丑未，對峙犯旺，破格。寅申初生，心肝寶貝。六支固若金湯，各立門庭。辰戌老謀深算，體力不濟，合局解沖，一線生機，否則應聲而倒。巳亥金木，月時家大業大，欲去還留，年日遊手好閒，樂而忘返。卯酉重臣，閻王好見，小鬼難纏，日支夾殺，不得不去，辰亥、戌巳有情，網開一面。

大運從化，流年亦可損益增減。

從化的看法，留待後人驗證。

本書論調候之理，如何取用神?大概當然。非是身世、性格、容貌、才智、六親、生死，無所不包，無所不驗。八字相同，因緣不同。

恨不得書名「洛陽紙貴」。

國家圖書館出版品預行編目 (CIP) 資料

算命不求人 : 寫給初學的你 / 王麗君著 . -- 第一版 . --
新北市 : 王麗君 , 民 113.03
面 ; 公分
ISBN 978-626-01-2479-3(平裝)

1.CST : 五行 2.CST : 命書

291.2 113002136

算命不求人 - 寫給初學的你

著　　者：王麗君
出 版 者：王麗君
地址：新北市新店區
手機：0978 730 396
設　　計：達遵泰電腦排版有限公司
承 印 者：達遵泰電腦排版有限公司
地址：台北市文山區溪口街 95 號 2 樓
電話：02 2931 1544
定　　價：新台幣 450 元
I S B N：978-626-01-2479-3 (平裝)
出版日期：中華民國一一三年三月 第一版